音楽科授業
サポート
BOOKS

授業をもっとア

小学校音楽

「常時活動」のアイデア100

岩井 智宏 著

★ 友達の肩をトントントン 心の解放
★「フー切り」で発声しちゃおう 歌唱
★ 鍵盤ハーモニカの音の特徴を知ろう 器楽
★ 拍にのって遊ぼう 音楽づくり・鑑賞 …など

5～10分で，友達と楽しみながら
音楽的能力・知識がどんどん身につく！

明治図書

はじめに

今日は，とても晴れやかな11月の秋空がいっぱいに広がっています。そんな気持ちのよい気候の中，新幹線の中で本書の第一筆目を書きはじめました。

今は筑波大学附属小学校の平野次郎先生と一緒に主宰している「音楽授業ファクトリー」という研修会を行うため，広島に向かっている道中です。広島の熱意あふれる先生方と一緒に学べる時間を待ち遠しく電車に乗っています。

このように，人は気持ちが晴れやかであったりワクワクしているときに，心が柔軟になり向上心が生まれ，発想が無限に広がっていくように感じます。

また，私はこれまで長い間，様々なワークショップや研修会に参加してきました。その一つひとつが今の自分の実践の原点になっていると強く感じます。本書にて紹介させていただく常時活動のアイデアの中には，それらが発想のきっかけとなったものが多くあります。実践を見直していく中で，自分自身にたくさんの発想の種をまいてくださった尊敬する先生方や，いつも目の前で音楽活動に取り組んでくれる子どもたちに感謝の気持ちでいっぱいです。

今回，「常時活動」というテーマで執筆のお話をいただきました。常時活動ということばは，私が教師になりたての頃はまだありませんでした。筑波大学附属小学校をきっかけに，ここ数年で大きく広がっていることばのように感じます。すなわち，ことばとしてはまだ比較的新しいということです。

私は現在，常時活動は音楽教育を豊かにする大きな可能性を秘めていると感じて日々実践に取り組んでいます。それだけに，今回のテーマでお話をいただけたことはとてもありがたいものでした。

私が捉えている常時活動の定義は次の通りです。

毎授業少しの時間を使って，子どもに大きな負荷をかけずに，友達と楽しみながら音楽的能力・知識を積み重ねていく活動

これを，箇条書きにしてみると，

1．毎時間の一部を使う（5分から10分程度）

2．負荷をかけない

3．他者との関わりをもつ

4．楽しさを感じる瞬間を作る

5．音楽的な積み重ねをねらう

の5観点になります。

常時活動に取り組むうえで，これらの観点はどれも大切にしたいところです。

常時活動を価値ある活動にするためには，自分の中にしっかりと観点をもって取り組まなければ，「ただ毎回やっている活動（教材）」にもなりかねません。これでは常時活動の価値が下がってしまいます。

自分自身の実践を振り返ってみると，常時活動ということばが生まれる前から常時活動的な実践を行っていたように思います。なぜなら常時活動的な実践は，授業をより豊かにし，子どもたちにたくさんの音楽的な力を蓄えられることを，子どもとの活動を通して肌で感じていたからだと思います。

音楽の時間数が限られている中，常時活動は「音楽の楽しさ」「コミュニケーション力」「音楽的能力・知識」などを培うといった様々な意味で，授業を豊かにできる可能性に満ちあふれています。

さあ，皆さんで常時活動を深めて，音楽の授業をより実りある時間にしていきましょう！

それでは，Let's try!!

岩井　智宏

Part1 「常時活動」で 音楽授業がもっとアクティブに！

Part2 音楽授業をアクティブに変える「常時活動」のアイデア100

心の解放

歌唱

器楽

音楽づくり・鑑賞

Part1

「常時活動」で音楽授業がもっとアクティブに！

授業に向かう基盤（心）をつくる常時活動

「音楽の授業って何のためにあるのだろう？」

音楽が好きな私ですが，このようなことを考えることがあります。

新任の頃は，歌を教えて楽器を教えてなど手段や教材を教えることが目的になっていました。

しかし本来，学校教育での音楽においては，歌で，器楽で，音楽づくりで，鑑賞で何を伝えるのか，すなわち，

「音楽を通して何を伝えるのか？」

が目的であるべきではないかと感じます。

その観点で音楽の授業の特徴を考えたときに，音楽の授業は，気持ちが前向きになっていなければ成立しない活動が多く存在しているように感じはじめました。

音楽の授業は，アクティブな活動を伴うものが多く存在します。それは，気持ちの面でハードルが高いものを常に要求されているようにも感じます。

普通に活動できるということが，すでにハードルが高いということ。逆にいえば，活動に少しでも取り組んでくれたということには大きな価値があり，子どもが前を向きはじめてくれている姿といえるのではないでしょうか。つまり，普通に活動するという時点で，すでに高い前向きな気持ちが要求されているというのが，音楽の授業の特徴なのです。

このように視点を変えると，子どもが音楽活動に少しでも取り組めていれば，心が前向きになっている証であるように見えてきました。

音楽活動に取り組めている＝心が前向きな証

そして，このように捉えたとき，音楽という授業の価値は，教科を超えて大きな位置づけになるように感じます。

なぜなら，どんな教科を行ううえでも，前向きな心は必要とされるからです。高い能力をもった子でも，気持ちが落ちてしまって心が前に向かないと，その能力は生かされないことすら出てきます。人は心が支配している，といっても過言ではないかもしれません。

「子どもや学校の様子は，その学校の合唱を聴けばわかる」

ということばを聞いたことがあります。

それだけ音楽は，空間が安定していて，心が充実していなければ成り立たない授業であるように感じます。つまり，音楽を通して一人ひとりの心が解放されているということは，活動の空間を明るい雰囲気にしてくれて，心も前向きになっていくということです。

音楽という授業でその空間が実現できれば，音楽をきっかけに他教科での学びに向かう力も培っていけるのではないかと思いはじめました。そして，その心はいずれ社会へと巣立っていく子どもたちの心の基盤にもなってくれるのではないかと思っています。

音楽が充実すれば，心も充実してくる

という概念をもって，まずは「心の解放」に焦点を当てた活動を考えていきたいと思います。

歌唱の授業に適した常時活動の設計方法

学校生活において，子どもたちは全員で歌う場面が多々あります。

入学式，卒業式，音楽会，場合によっては運動会，宿泊行事など。そうなると自ずと授業でも取り組まなければいけなくなってくるのが，歌唱ではないでしょうか。

その中で授業を含めて，一人で歌う独唱ではなく，みんなで歌う斉唱・合唱（2つ以上のパートを重ねる）に焦点が当たっています。

私は，なぜ合唱が学校教育において大切かを自分自身の考えとしてもっていた方がよいと感じます。私の考えとしては，

① 声はまず自分が心を開いていなければ，なかなか出てこない
② そして，周りのみんなも歌ってくれないことには合唱にならない
③ さらに，一人が頑張りすぎても一体感を味わえない
④ 自分の声をコントロールしつつ周りを応援し，友達との声の調和を楽しむ中で合唱は成立していく

この合唱を構築するまでに味わえる過程に，大きな価値があるように感じています。

では，授業でどのようなことに気をつけていくのがよいでしょうか。

歌唱の授業においてまず大切なのは，

歌を歌える環境が整っているかどうか

だと感じます。

それは，「素晴らしい音響の部屋がある」「高級な楽器がある」などの物理的環境ではなく，「この音楽室だったら歌える」「このメンバーとだったら声を出せる」「この先生の前なら歌える」といった心理的環境です。

それはまさに，子どもたち一人ひとりの心の解放です。だからこそ，前述した授業に向かう基盤をつくる常時活動と歌唱とは，いつも隣り合わせで活動することが大切になってきます。

そのことを念頭におき，歌唱の授業につながる常時活動として，私は次の観点のどれかが必ず入る活動を考えています。

① 歌（表現）の楽しさを感じ心をほぐす
② 他者との関わりをもつ
③ いろいろな声の出し方につなげる
④ 旋律，ハーモニーを感じる耳をつくる
※４項目共通で念頭においておきたいこと＝音楽的力を伸ばす観点
→知識・技能から広がる思考力，判断力，表現力，学ぶ楽しさをねらう

まずは，子どもたちの心の耕しに全力で取り組んでみてください。①が自然になってくると，②・③・④につながる活動がとてもスムーズになります。

③・④は，合唱するうえで技能的に大切になる項目なので，ぜひ日常的に活動しておくことをオススメします。

声を出すことに躊躇のない１年生から，心身ともに大人に近づく６年生までの長い時間を考えたときに，最終的に６年生が取り組む歌唱教材では斉唱（ユニゾン）ではなくほとんどが合唱になってきます。元気に歌ってくれる低学年の才能に頼り続けてしまうと，恥じらいや照れが生まれる高学年になったときのしわ寄せはとても大きなものとなってしまいます。

６年生になったときに，声を出しにくい雰囲気や自分の音だけを必死に暗記して歌う作業のような時間ではなく，他者とのハーモニーを味わいながら心地よく取り組める空間になっていると素敵ですね！

そんな空間を目指して常時活動を進めていきましょう！

器楽の授業に適した常時活動の設計方法

器楽に取り組むというのは以前，私は自分の中で少し大仕事のように感じていました。なぜなら「器楽に取り組むこと＝合奏」と捉えている部分が大きかったからです。

もちろん合奏は，器楽を通じて周りとの調和を感じ，アンサンブルが生まれることで大きな達成感を味わうことができる最高の教材です。しかし，合奏となると，いろいろな楽器を準備したり，音楽室のスペースにも気をつかったりします。また，練習中はそれぞれの楽器が一緒に演奏するために，カオス状態になりかねません。楽譜と向き合うことで質問も多くなる。私にとっては，ハードルが高い「大仕事」でした。

そのような中で器楽に対しての印象が，

「**器楽＝音楽を表現するための一つのツール**」

となるきっかけがありました。

それはハンガリーの音楽教育の視察に行ったときのことです。伺った学校はブダペスト，ニレージハーザの小学校です。ハンガリーと聞くと合唱というイメージが強かったのですが，実際はそうではありませんでした。声は貧富や地域の差など関係なく，基本的には平等にもっているもの。だからこそ，まずは，歌から音楽に近づいていこうということでした。その中で，身近な楽器でも音楽にふれ，創作し鑑賞からも学ぶという内容でした。

器楽を音楽表現のツールの一つと捉えたときに，私は気持ちがとても楽になりました。

現在は，例えば「どうしても声に自信がもてない子どもが，楽器でなら輝けた」「楽器にふれたことで音楽の楽しさが広がり，音楽が好きになった」

というようなことに価値をおき，活動に取り組んでいます。そうすると，器楽＝合奏という観点だけではなくなるので，ちょっとしたことで器楽にふれる時間を取ることができるようになりました。

また，日本の音楽教育においては，一人に一つリコーダーや鍵盤ハーモニカなどを持っていることが多いので，実は器楽はとても身近な存在なんですね。

器楽でよく飛び交う二大ことばが，

「リズムがわかりません」

「ドの♯ってどうやるんですか？→リコーダーの運指質問」

（鍵盤ハーモニカで置き換えると，「ドの場所どこですか？→音符の場所」）

の２つのように感じます。

音符の高さは，少し時間をかければ書くこともできるようになり，子どもなりに工夫が見られます。しかし，リズムは書くことがあまりできません。

リコーダーの指づかいや鍵盤の音符の位置は書くことができますが，瞬時に演奏するためには，一度運指などを教えて理解したとしても，繰り返し活動していないとなかなか体に染みついてくれず，演奏に生かされにくいように思います。やはり器楽も，常時活動を通して子どもたちに仲良くなってほしいと思います。

器楽の常時活動においては，以下のことを含む内容で考えています。

①　様々な楽器にふれる

②　様々なリズムで遊ぶ

③　演奏の技術で遊ぶ

④　「感覚⇔知識」のつながり

※４項目共通で念頭においておきたいこと＝音楽的力を伸ばす観点

→知識・技能から広がる思考力，判断力，表現力，学ぶ楽しさをねらう

音楽づくり・鑑賞の授業に適した常時活動の設計方法

この２つの分野が，歌唱・器楽と大きく違うところとして，
・楽譜がない
・具体的技術が特に必要ではない
の２点がまず浮かびます。

だからこそ，音楽の苦手な子どもが輝きやすい活動ではないでしょうか。

気がつくと音楽は，楽譜が読める・歌が上手・楽器が得意など楽譜と演奏技術による結果で，好き嫌いを決めてしまいがちのように思います。しかし，その観点が子どもの中に芽生えてしまうと，学校外で音楽を習っている子どもが中心の授業になりかねません。本来，学校教育では能力に差があったとしても，音楽を通して一人ひとりが平等に輝いてほしいと感じます。

音楽づくり・鑑賞の学校教育における共通点は，どちらも，

音楽的要素

がポイントになってくると思います。

また，それらの要素を活用する「創造性」も必要とされます。ジョン・ペインター氏は『Sound and Structure』（1992）の中で，音楽づくりをクリエイティブ，鑑賞はリクリエイティブといっています。だからこそ，音楽的技術によって音楽が得意とされていた子以外の子どもも，音楽を通して輝けるチャンスが多く含まれている分野だと感じます。

しかし，音楽づくりだからといって，
「さあ，とりあえず音楽つくってみて」
と発問しても，子どもたちにつくるための下準備がないため，音楽づくりの魅力である自由性は生かされず，授業の崩壊になってしまいます。

また，鑑賞で，

「これいい曲だよ」

と聴かせてしまっては，教師の感情をおしつけてしまうことになりかねません。感情は個人の自由であるからこそ，聴く観点となる音楽的要素を日常的に勉強しておくことがとても重要になってきます。

本書でこの２分野を一つにまとめた理由は，まさに「音楽的要素」というポイントからです。音楽の要素で遊び，創造し，その観点をきっかけに鑑賞した際に，こんなふうにつくられているんだという音楽的要素にも気づくことができる。この２分野は，とても近い存在のように感じます。学習指導要領でいうならば「共通事項」です。

これらの知識・技能の積み重ねで，

「こう表現するためには，こんなやり方を使ってみよう」

「この曲の好きな理由って，こんなふうにつくられていたからだー」

などの発想につながっていきます。

それはまさに学びがあったからこそ，子どもから出てくることばではないでしょうか。

循環性を生かした「手拍子回し」（p.102）などは，子どもが活動するハードルが低いだけに，前向きに活動しようとしている子の発見がしやすく，子どもたちへの前向きな発問につなげていくこともできます。

さらに，一人ひとりがどんな手拍子の音を出すかで，一人ひとりへの声かけも生まれてきます。

「（強く鳴らした子に）やる気いっぱいだねー」

「（弱く鳴らした子に）丁寧に出してくれたね」

「（あまり聞こえない子に）一音にこだわっているね」

このように，たくさんの声かけにつなげていくことも大切だと感じます。一人ひとりを認めるチャンスがたくさん隠れている音楽づくり・鑑賞の常時活動にもチャレンジしてみましょう。

自然な流れで本活動へとつなぐ
常時活動の進め方

全国各地でいろいろな研修会をさせていただくうえでよく聞かれるのが，

「常時活動はどれくらいやればいいですか？」

という質問です。

やはり熱心な先生であればあるほど，常時活動というものをより掘り下げて考えてくださり，とても嬉しく思います。

しかし，一つのノルマのように常時活動を組み立ててしまうと，教師側が苦しくなってしまう可能性が出てしまいます。大切なのはそのとき，そのときの題材を軸にどのように授業をアレンジし，コーディネートするかだと思います。

例えば，「豊かな歌声を響かせよう」という題材に，教科書のある曲を教材として授業を展開します。声を響かせるためには何が必要かを考えてみましょう。

・一人ひとりが活動してみようと思える心

・声を出しても大丈夫だという雰囲気

・幅広い音域で響く声

この３つくらいは常時活動で身につけて，本活動に入ることができれば，きっと本活動はスムーズになっていくのではないかと思います。

すなわち，

「**本活動において何をねらいにしているかで常時活動を取り入れていく**」

ことをオススメします。

その中でも，心の解放に関しては，音楽の授業では必須とされる項目ですので，年間を通して取り組んでいくといいかと思います。

繰り返して力をつける
常時活動のアレンジ法

常時活動において大切なのは，まさに「繰り返し」の作業です。しかし，いつも同じことをしていては，どんなに力になる活動をしていても，子どもたちは飽きてしまいます。

子どもの力を楽しく伸ばすことは，常時活動に必要不可欠な，大きなねらいの一つです。楽しい活動のはずが，毎回決まったことを行うつまらない時間になってしまっては，本来の目的が何も果たせなくなってしまいます。

だから，

繰り返し楽しく活動が行える工夫

は，常時活動において大切な要素となってきます。

本書において常時活動のアレンジ法，すなわち教材のアレンジ法は，最もポイントとした項目です。毎日，授業以外でもたくさんの仕事を抱えることになる学校現場において，一つの教科で細かい教材をたくさん準備するのはこれまた大変な作業になってしまいます。

また，教材＝資源と考えたときに，やはり教材には限りがあるので，一つの教材でもねらいに沿って，できるだけたくさんのバリエーションをもてることは有意義であるように感じます。一つの教材でのバリエーションのもち方を，ねらいに沿って考える方法論として本書がお役に立てたら幸いです。

きっと今本書を読んでくださった先生方が普段使っている教材でも，さらにバリエーションが広がっていくと思います。教材の可能性を最大限に引き出していきましょう！

常時活動を活性化させる教師の働きかけ方

これに関しては，教師が常時活動の可能性を，自分自身で体感することが一番大切になってくるように思います。そのためには，

「子どもをしっかり見る」

ということです。

私が教師になったばかりの頃は，前述の通り常時活動ということばはまだありませんでした。その中で，子どもに音楽を少しでも楽しんで好きになってほしいと，必死にもがいていました。試行錯誤の中，毎授業時間の少しの時間を使って，大きな負荷をかけずに音楽的な力を積み重ねる活動を行うことが，子どもの豊かな表現力につながっていくと感じるようになりました。ふり返ってみるとそれは，今でいう常時活動だったように思います。

教育方法には，様々な手段や思想があります。その中でどれが正解かを決めるのはとても難しいことではないでしょうか。もし正解を見つけるなら，それは子どもがもっているように思います。子どもの活動に向かう姿にこそ答えが隠れているのです。その観点でいくと，常時活動を通して力を積み重ねていった子どもたちが，音楽活動へ向かう姿がどんどん豊かになっていけば正解の一つと言えるように思います。まずは，その姿を体感できるように継続して活動に取り組んでみてください。

今現在，目の前の子どもたちが歌わない，演奏しない，創作しない，聴かない…などで悩んでいたら，ぜひ心の解放から取り組んでみてください。どんなに能力を伸ばすことができる指導法を教師が知っていても，子どもに教わる気持ちがなければ，その方法は生かされなくなってしまいます。

ぜひ子どもたちの心を解放して，音楽を学び楽しむ雰囲気から少しずつでも積み上げていきましょう！

本書の使い方

現在，音楽科の学習指導要領では「歌唱」「器楽」「音楽づくり」「鑑賞」の４つに区別して示されています。区切って考えると頭の中が整理しやすくなり，メリットがたくさんあるのですが，ここで忘れてはいけないのは，どれも同じ「音楽」の活動ということです。

すなわち「音楽」という活動を，声を使うのか，器楽を使うのか，素材を使うのか，素材を聴き取るのかの違い，ただそれだけです。

そして，それらはすべてクリエイティブ（創造的）なものであってほしいものです。そのように考えると，別々の活動に見えて，実はすべてがつながっているということになります。

そこで本書では，一つの教材がその４つの分野で重なって出てきたりもします。それは，表現方法が異なるだけで，同じ音楽を表現していることを示すとともに，一つの教材を最大限に生かしたいという考えも含まれています。教材を資源と考えた場合，一つひとつの教材を大切にしていきたいと感じます。

それらをふまえて，本書の使い方を説明します。

本書は一つの教材から様々なねらいに合わせた常時活動を提案しています。そのため，題材のねらいに合わせて参考にしていただけたら幸いです。例えば，題材が「友達の輪を広げよう」の場合は「心の解放15　友達という花を咲かせよう」。高学年の「豊かな歌声を響かせよう」の場合は「歌唱26　『フー切り』で発声しちゃおう」を使ってみるとよいでしょう。

このような流れで常時的に試していただけたらと思います。その中で「心の解放」シリーズは，どんな題材に進んだとしても学びに向かう原点になると思いますので，授業の雰囲気づくりとして，様々な場面で取り組んでみてください。

音楽の授業以外でも学級担任の先生方は学級経営などに生かしていただくこともできるかと思います。また，使用する学年の目安を書きましたが，担当している子どもたちの様子に合わせて目安に関係なく使用していただいて大丈夫です。同じ学校であっても，学年によって雰囲気は変わるものなので，学年の目安は参考程度に考えていただけたら幸いです。

読者の先生方が本書で使っている教材のバリエーションをさらに増やしていただけたらこんなに嬉しいことはありません。

一緒に教材の生かし方も考えていきましょう！

Part2

音楽授業を
アクティブに変える
「常時活動」の
アイデア100

1

心の解放　　全学年

友達の肩をトントントン

教材名　なし
準備物　拍を刻める楽器一つ
めあて　拍感を養い，授業への前向きな気持ちを発見する
共通事項　リズム，速度，強弱，拍，変化

拍に合わせて友達の肩をトントンたたく単純なゲームです。しかし，その単純さ，ハードルの低さこそ心の解放を導く大きなチャンスです。

❶　拍を刻める楽器に合わせて，座ったまま足踏みする

このとき，足を動かしている子どもには活動しようとしている事実を認めてあげましょう。

❷　慣れてきたら，テンポを変えて拍で遊ぶ

テンポの変化により子どもが何かしらの反応をしたら，その理由を聞きます。

T　どうして楽しくなっちゃったの？
C　テンポが速くなったから。
T　しっかり音楽の変化を感じているね。

❸　次は隣の友達の肩を借りる

楽器の拍に合わせて，右の人の肩を８回トントントン。次に左の人の肩を８回トントントン。→右４左４→右２左２→右１左１→足踏み→手拍子

❹　テンポを変えてやってみる

速くすればするほど難しくなって，最後の「足→手拍子」で小さな達成感を味わうことができます。

❺　音量を変えてみる

子どもたちが音量に合わせて肩のたたき方を変えていたら，しっかり声かけをしてあげましょう。ただし，強い音量にすると乱暴になる場合があるので，音量を小さくしていくことをオススメします。

❻　隣の友達を，前の友達，後ろの友達，斜めの友達などに変えてコミュニケーションを広げていく

心の解放　　2　　全学年

歌と拍で遊ぼう①

教材名	**うさぎとかめ（石原和三郎作詞・納所弁次郎作曲）**
準備物	**拍を刻める楽器，ピアノ（アカペラでも可）**
めあて	**歌いながら拍感を養う**
共通事項	**旋律，リズム，速度，強弱，拍**

「友達の肩をトントントン」（p.24）の拍遊びに歌を加えて，より気分を高めて音楽の授業に向かう気持ちを培う活動です。

❶ 「うさぎとかめ」を歌ってみる

♪　**もしもしかめよ　かめさんよ　せかいのうちにおまえほど**
あゆみののろいものはない　どうしてそんなにのろいのか

テンポよく何度か歌って曲に慣れましょう。声を出してくれたことに価値があるので，「きれいな声」「正しい音程」を注意するより子どもたちが活動に向かっている姿を大切にしましょう。

❷ 歌に肩トントントンを足してみる

「うさぎとかめ」を歌いながら友達の肩を…

右８左８→右４左４→右２左２→右１左１→足踏み→手拍子

同時に２つの活動をすると，難しさがアップします。また，自分が活動に向き合えていなくても，友達から肩をトントンされることで，少しずつ活動に目が向いてきます。

肩をたたくというような目に見える活動は，子どもが活動に取り組めていることを認めるのに，とても効果的です。活動に取り組めていなかった子が，少しでも取り組めた瞬間を逃さずに声かけを心がけましょう。

❸ テンポ，強弱を変えて歌いながら，拍に合わせて肩トントントン

歌が入ることで空間が明るくなり，動きを入れることで気がついたら声が出ている子どもたちが増えてきます。

テンポが速くなったことで必死に肩をトントンしている子や，音が小さくなったときに肩たたきを一本指に変えたりしている子がいたら，活動に向かう姿勢を認めてあげましょう。

3

心の解放　　全学年

歌と拍で遊ぼう②

教材名	うらしまたろう（文部省唱歌）
準備物	拍を刻める楽器，ピアノ（アカペラでも可）
めあて	相手の声を聴きながら拍感を養う
共通事項	旋律，リズム，速度，強弱，拍

子どもたちが自然と声を出している姿が見られたら，心の解放に近づいていると思います。そんな「声＝心」を引き出すゲームです。

❶ 「うらしまたろう」を歌ってみる

♪　むかしむかしうらしまは　たすけたかめにつれられて
　　りゅうぐうじょうへ来てみれば　絵にもかけないうつくしさ

この曲も「うさぎとかめ」と同じようにテンポよく何度か歌って曲に慣れさせます。子どもたちが活動に向かっている姿を大切にしましょう。

❷ 歌＋歌＋肩トントントン

「うさぎとかめ」を歌いながら友達の肩を…

右８左８→右４左４→右２左２→右１左１→足踏み→手拍子

これに，「うらしまたろう」も足してみましょう。この２曲は，長さは同じですがパートナーソング（同じコードでできている２つの曲）ではないので，クラスを半分に分けて２曲を同時に歌うと，自分の歌が相手のチームに惑わされそうになります。

私は，ただ子どもたちが怒鳴り声で終わるのが残念なので「最後まで曲として成り立っていた方の勝ち」というルールでゲームをします。子どもたちは必死に自分のチームの歌を歌おうとします。

この活動は，子どもたちが頑張って声を出しやすいので，ひどく怒鳴っていたりしなければ，

T　どっちのチームも頑張って声を出してくれたから，同点で，お互い称え合う拍手をしよう。

とすることが多いです。子どもは安易に勝ちを決めるとそこで気持ちが落ちることがあるので，気をつけましょう。

心の解放　4　全学年

歌でコミュニケーション①

教材名	アルプス一万尺（作詞者不詳・アメリカ民謡）
準備物	拍を刻める楽器，ピアノ（アカペラでも可）
めあて	友達とふれあいながら，音感，拍感を養う
共通事項	旋律，リズム，速度，強弱，拍

この教材には手遊びがついています。インターネットで「アルプス一万尺」で検索すると紹介されています。この手遊びはペアで行うもので，適度に相手と手がふれあい，友達と関わるための初級編としてとても有効です。

❶ 「アルプス一万尺」を歌ってみる

♪　アルプス一万尺　こやりの上で　アルペン踊りをさあ踊りましょう

「ラーンランランラン」から1番の終わりまで歌います。

❷ 手遊びを入れてみる

はじめは一人ひとりができるかしっかり確認しましょう。まずは，子どもたちが全員前を向いている状態で，教師とのやりとりではじめます。

教師が子どもたちの方に動いて，いろいろな子と一瞬でふれあうのも手だてとして有効です。「次は自分に来るかな？」というワクワク感で，何度でも続けて活動できます。この「何度でも」になるような工夫も重要です。

❸ 友達とやってみる

しっかりできるようになったら，次は友達と活動です。

「近くの人」「隣の人」などの声かけでペアをつくりますが，ポイントは一人ぼっちがいないことです。ペアづくりの方法もこのような小さな活動から力を養っていきます。

クラスの中でうまく割りきれない場合でも子どもたちが「3人ペア」などを工夫していたらその様子をくみ取り，一人ぼっちをつくらなかった素晴らしさをクラスみんなで共有しましょう。

きっとその共有だけでもクラスは心の解放に向かっていきます。

心の解放　5　全学年

歌でコミュニケーション②

教材名	アルプス一万尺（作詞者不詳・アメリカ民謡）
準備物	拍を刻める楽器，ピアノ（アカペラでも可）
めあて	拍感を養い，テンポ感を身につける
共通事項	旋律，リズム，速度，強弱，高低，変化

心の解放にプラスして音楽の学びも入ってくると，さらに充実した時間になっていきます。

❶ 友達と手遊びを入れて「アルプス一万尺」を歌う

このとき，ペアが男女でもすぐできるようになっていたら，クラスの雰囲気はとてもよくなっています。まだ抵抗があるようなら「歌と拍で遊ぼう」（p.25-26）を何度も行い，ふれあいのハードルを低くしていきましょう。

❷ ペアを変えてやってみる

子どもたちは，ペアを変えるだけで新しい教材に取り組む感覚になってくれます。教材を通してコミュニケーションをどんどん広げましょう。

❸ テンポ，音の高低を変えてやってみよう

テンポを変えると子どもたちは驚くほど反応して，テンポを速くすればするほど視覚的に手遊びも速くなるのがわかり，笑顔も生まれてきます。音楽の要素を使って笑顔にまでつながるのは，とても嬉しいことです。

T　楽しい笑いはどうして生まれたの？

C　速くなったからー！

T　テンポの変化にまで気がついてすごいねー。

このとき，「楽しい」というキーワードは発問の中に入れておきましょう。なぜなら「どうして笑ったの？」では，「楽しいから」という答えになりかねないからです。笑顔＝楽しいという前提で発問した方が，音楽的な返答につながりやすいです。

また，音の高さを変えると，子どもたちは自然に背伸びしたりしゃがんだり，音への反応を見せてくれます。

心の解放　　6　　全学年

歌でコミュニケーション③

教材名	アルプス一万尺（作詞者不詳・アメリカ民謡）
準備物	拍を刻める楽器，ピアノ（アカペラでも可）
めあて	ゲーム感覚で楽しみながら拍感を養う
共通事項	旋律，リズム，速度，強弱，拍

次は，「アルプス一万尺」を使ってじゃんけん肩たたきゲームです。

○　**ゲーム方法**

(1)　はじめは通常のペアで手遊びを歌いながら行います。

(2)　ずっと続けて「アルペン踊りをさあ踊りましょう」の「しょう」の部分で，ペアでじゃんけんをします。

(3)　勝った人→負けた人に肩をたたいてもらえます。
　負けた人→勝った人が痛くないように優しく肩たたき。
　あ い こ→2人で手を取り合ってダンス。

(4)　「ラーンランランラン…」の部分から(3)の動作を行います。

(5)　最後の「ヘイ」の部分は決めポーズで終わらせます。

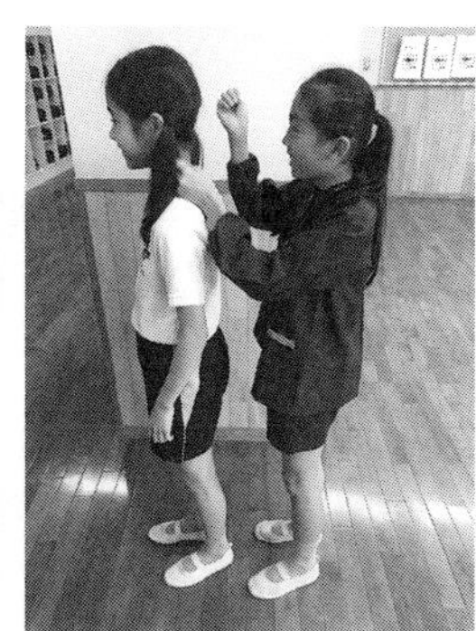

T　じゃあ実際にやってみよう。ペアはつくれる？

ペアになれたらはじめましょう。2人で割れないときは気を利かせて3人になったりしているグループがあったら，その機転を認めてあげましょう。

C　ラーンランランラン…ヘイ（決めポーズ）。

それぞれの身ぶり（肩たたき，ダンス），面白いダンスは紹介しましょう。

心の解放　　7　　全学年

歌で記憶力ゲーム

教材名	幸せなら手をたたこう（木村利人作詞・アメリカ民謡）
準備物	拍を刻める楽器，ピアノ（アカペラでも可）
めあて	拍感を養う，授業に向かう前向きな気持ちを発見する
共通事項	旋律，リズム，速度，強弱，高低，応答

「幸せなら手をたたこう」で体をほぐし，頭を回転させましょう。

❶ 「幸せなら手をたたこう」を歌う

♪　幸せなら手をたたこう（パンパン）×２　幸せなら態度で示そうよ
　ほら　みんなで手をたたこう（パンパン）

この曲は，比較的たくさんの子が知っています。ポイントは，途中で合いの手が入ることです。はじめは声よりも手が反応する子も多いかと思います。

特に授業のはじめで急に行うと，声はなかなか出てこないこともあります。しかしそんなときこそ，手拍子から感じる前向きな気持ちや，歌うことの難しさを伝えるチャンスです。

Ｔ　声を出すのって難しいね。だからこそ，出せた子はすごいことだよ。

Ｔ　でも手はたたけていたから，活動しようとする力はもっているよ。その力は大切にしてね。

❷ 「幸せなら手をたたこう」の後の合いの手の手拍子に着目する

「手をたたこう」の後の部分に手拍子を増やしてみましょう。

Ｔ＆Ｃ　幸せなら手をたたこう

Ｔ　手拍子３回（パンパンパン）　Ｃ　パンパンパン

Ｔ＆Ｃ　幸せなら手をたたこう

Ｔ　手拍子５回（パンパンパンパンパン）

Ｔ＆Ｃ　幸せなら態度で示そうよ　ほら　みんなで手をたたこう

Ｔ　手拍子10回

Ｃ　パンパンパンパンパンパンパンパンパンパン

ぜひ前向きに頑張った子どもの姿勢を認めてあげましょう。

心の解放　　8　　全学年

歌で自己紹介ゲームをしよう

教材名	幸せなら手をたたこう（木村利人作詞・アメリカ民謡）
準備物	拍を刻める楽器，ピアノ（アカペラでも可）
めあて	子ども一人ひとりを主役にする
共通事項	旋律，リズム，速度，強弱，応答，拍

「幸せなら手をたたこう」で一人ひとりが主役になりましょう。

❶ 「幸せなら手をたたこう」を歌う

「歌で記憶力ゲーム」（p.30）で行った活動で体を動かして心をほぐしていきましょう。その続きで…。

❷ 「手をたたこう」の次の合いの手を使って自己紹介をする

ここでは，合いの手の手拍子を使って友達とのコミュニケーションに慣れていく活動です。

T　まずは手拍子の部分を友達とたたいてみてね。

C　幸せなら手をたたこう　C＆C　パンパン

このような流れで続けます。

T　じゃあ次はパンパンの相手を毎回変えてみよう。

このときは相手を変えるとき，少し動いてよいことにします。うまくいけば３人の友達と手拍子できます。

T　よし，それもできたねー。じゃあもっと遠くの友達と手拍子してみよう。

T　この曲のリズムの特徴に合わせた動き，できるかな？

スキップに気づけるように促しましょう。

T　歌いながらスキップで動いて手拍子のところは友達とパンパンだよ。

T　そして，曲の最後のパンパンの友達とは「○○が好きな○○です」と自己紹介します（例「ラーメンが好きな岩井です」）。

T　自己紹介が終わったら，名前が入れ替わります。Ａ君と先生が自己紹介したとしたら，次のパンパンではＡ君が「ラーメンが好きな岩井君」になるからね。最後はいったい，誰の名前で終わるだろう？

9

心の解放　　全学年

歌で友達とふれあおう

教材名	さあみんなで（浅野ななみ作詞・作曲）
準備物	拍を刻める楽器，ピアノ（アカペラでも可）
めあて	友達とのふれあいを楽しむ
共通事項	旋律，リズム，速度，強弱，高低

この教材は，歌詞がすでにアクティブなものなので心を解放していくうえでとても使いやすいです。学級担任の先生もぜひ覚えて，学級の雰囲気づくりにも使ってみてください。

○　「さあみんなで」を歌えるようにする

譜面は「みんながあつまった」千葉佑編『うたおう　楽しい歌』（玉川大学出版部，2004）より

ここで，歌詞を読み取ってすでに友達の肩をトントンとたたいている子がいたら，すかさず声かけしましょう。

T　どうして肩たたいたの？

C　歌詞がそうなっているから。

T　もう歌詞を理解しているんだね。

T　どんどん肩をトントンしてもいいよ。ただしやさしくね。

この肩をトントンしようとしている小さな前向きな気持ちの発見こそが，大きな成果につながっていくように感じています。やさしくたたいている子にもしっかり声かけしていきましょう。

10

心の解放　全学年

歌でコミュニケーションを広げよう

教材名	さあみんなで（浅野ななみ作詞・作曲）
準備物	拍を刻める楽器，ピアノ（アカペラでも可）
めあて	歌詞を工夫して友達との関わりを広げる
共通事項	旋律，リズム，速度，強弱，高低

❶「さあみんなで」を歌う

「お隣さんの肩たたこう」の部分で肩をトントンできている子を探して，もし少しでもその仕草をとっている人がいたら，どんどん声かけをしてクラスの雰囲気を前向きにしていきましょう。

❷「お隣さんの」の部分を替え歌にする

「前の人の…」「後ろの人の…」「斜めの人の…」「２人隣の人の…」

「ちょっと遠い人の…」「かなり遠い人の…」

最近よく耳にする「ペア活動」。とても大切な活動ですが，ペア活動を充実させるためにはやはり準備が重要です。

その準備として，肩たたきはとてもハードルが低いコミュニケーションであるように感じます。そこに席を離れるアクティブな活動が入れば，自然と音楽室に声があふれ出して音楽活動をペアで楽しむ雰囲気がつくられていくと思います。

❸ さらに替え歌を楽しむ

「1，2，3月うーまれ立ちましょう」

「その人の肩をトントントントン」（少し時間をとりましょう）

「じーぶんの肩たたこう」

自分の肩をたたくときに自然に席に戻る流れをつくっておけば，席を離れても授業は崩壊しません。アクティブな活動を行うときは，終わった後まで計算して活動するのは大切です。

また，トントンされていない子どもがいないかもよく見ておきましょう。誰もがトントンできる雰囲気づくりをし，寂しい思いをする子がいない授業を目指しましょう。

心の解放　**11**　全学年

楽しみながら拍感を養おう

教材名	ハローハロー（中明子訳詞・アメリカ民謡）
準備物	拍を刻める楽器，ピアノ（アカペラでも可）
めあて	友達とふれあいながら拍感を養う
共通事項	旋律，リズム，速度，強弱，高低

友達と関わりながら拍感を養い，クラスの雰囲気を明るくしていきましょう。

❶「ハローハロー」を歌う

♪　ハローハローハローハロー
（ドーーーーソーーーーミーーーードーーーー）
やあこんにちは　　　　　ごきげんいかが　×２
（レーソッソミッミードー）（レッレソッソミッミドー）×２
ハローハローハローハロー
（ドーーーーミーーーーソーーーードーーーー）

❷「やあこんにちは　ごきげんいかが」の部分でお隣さんの肩たたき

この部分は，２拍子４小節の繰り返しで，合計16拍あります。そこで，右の友達に４回，左の友達に４回，次は同じ要領で２回２回，１回１回，足踏み手拍子，でちょうど16拍になります。

これを前後にしたり，斜めの友達にしたりと変えていき，活動に動きをつけていきましょう。

肩たたきの活動は，他の教材でも実践しましたが，曲を変えることで子どもたちは新鮮な気持ちをもって活動に取り組んでくれます。肩たたきはとてもハードルが低いコミュニケーションであるからこそ，いくつかのバリエーションをもっておくとよいと思います。

また，「ハローハロー」の部分は発声の準備にもつながるので，繰り返しこの教材を歌う工夫は，子どもたちが音楽表現を行うための大きな力を得ることにつながっていくように思います。

心の解放　12　全学年

歌いながら体をほぐそう

教材名	ハローハロー（中明子訳詞・アメリカ民謡）
準備物	拍を刻める楽器，ピアノ（アカペラでも可）
めあて	体をほぐして声をいっぱい出す
共通事項	旋律，リズム，速度，強弱，高低

「ハローハロー」で体を動かし，声を出しやすい雰囲気をつくり，一人ひとりの気分を高めていきましょう。

❶「ハローハロー」を歌えるかな？

先ほどの「楽しみながら拍感を養おう」（p.34）で行った肩たたきも交えながら楽しんでください。

子どもたちがどの部分で前向きに乗ってくるかは，その日の気分もあるので，その瞬間がくるように，様々な活動を盛り込んで注意深く観察しましょう。普段なかなか前向きでない子が活動に取り組んだ様子を見つけたときは，ぜひ声かけも忘れずに行いましょう。

❷「やあこんにちは　ごきげんいかが」の部分で大ジャンプ小ジャンプ

この部分は，p.34でご紹介した通り合計16拍あります。次はその16拍でジャンプ活動です。歌いながら大ジャンプ４回小ジャンプ（しゃがんで）４回，大２回，小２回，大１回，小１回，足踏み，手拍子，と続けます。想像以上にハードなので，子どもたちは息を切らしながらも活動に取り組みます。「きつーい」など，気づけばあちらこちらから声があふれはじめます。

T　もっと速くやってみる？

C　えーーー!?

と言いながらも，子どもたちは挑戦しようとやる気満々になってきます。

心の解放　　13　　全学年

温かい雰囲気を広げよう

教材名	ハローハロー（中明子訳詞・アメリカ民謡）
準備物	拍を刻める楽器，ピアノ（アカペラでも可）
めあて	雰囲気を高めて友達とコミュニケーションを深める
共通事項	旋律，リズム，速度，強弱，高低

この教材は，様々なねらいに活用できる可能性に満ちあふれています。ここでは，友達とのコミュニケーションを深めながら心を解放していきましょう。

❶「ハローハロー」を歌う

「ハローハロー」の部分を階名で歌うのも，音感を養う手段として最適です。活動の中で階名唱も入れながら取り組んでみてください。

❷「やあこんにちは　ごきげんいかが」の部分を歌いながら友達と握手ゲーム

T　最初のハローハローを歌い終わった後，先生が数字を言うよ。
　　いったいその数字，何に使うと思う？

C　んーーー？

C　その数字を数えてはじめる！

C　数字分の人で歌う。

このように聞くことで，その数字へ注目を集めることができます。また，子どもたちの案で実践のバリエーションが増えることもありますので，ぜひ子どもたちのアイデアも聞いてみてください。

T　ここでは数字分の人数と握手するよー。では，最初から歌おう。

C　ハローハローハローハロー

T　５人！（人数は自由に変えていきましょう）

子どもたちは，歌いながら大はしゃぎで握手をはじめます。また，動きながら歌える力は，歌う技術にもなります。

ぜひクラスのみんなと握手ができる雰囲気づくりを目指して実践してみてください。

心の解放　**14**　低学年

表現できる空間をつくろう

教材名	小さな畑（作詞作曲者不詳・アメリカ民謡）
準備物	拍を刻める楽器，ピアノ（アカペラでも可）
めあて	楽しみながら音楽表現を深める
共通事項	旋律，リズム，速度，強弱，高低

この教材は，声と身ぶりを使って子どもたちが音楽室いっぱいに表現してくれます。特に低学年には自己表現を養うのに最適です。

❶ 「小さな畑」を覚える

♪　小さな畑を耕して
　小さな種をまきました
　ズンズンズンズン芽が伸びて　花が咲きました　ポッ

ここで教師がこっそり身ぶりをつけてみましょう。

教師の身ぶりに合わせて自発的に身ぶりをつける子どもを探しましょう。その前向きな行動を認めていきましょう。子どもたちはどんどん表現を広げてくれると思います。

❷ 「小さな」の部分を変えて身ぶりもつける

「中くらい」「大きな」「たくさんの」などに変えていくと，子どもたちはどんどん身ぶりも変えていき，表現を広げてくれます。

心の解放　15　低学年

友達という花を咲かせよう

教材名	小さな畑（作詞作曲者不詳・アメリカ民謡）
準備物	拍を刻める楽器，ピアノ（アカペラでも可）
めあて	友達とふれあうことの豊かさを味わう
共通事項	旋律，リズム，速度，強弱，高低

「小さな畑」で，身ぶりを使って表現を深め，さらに友達を広げる活動につなげていきましょう。

❶ 「小さな畑」をさらに替え歌する（先ほどの身ぶりをつけて）

♪ みんなの心を耕して　〇〇〇（優しさ）の種をまきました
ズンズンズンズン芽が伸びて　〇〇（友達）できました
（近くの人と握手）

❷ 〇〇の種は何でしょう？

T　最後は，とっておきの種をまきたいんだよなー。
　それは，こんな形だよー（手でハートの形をつくる）。
　何の種だと思う？

C　わー！　ハートだー！

T　先生は，これをやさしさの種って呼んでいるんだー。
　やさしいと何ができると思う？

C　んーー。何だろー。

いろいろな子どもの発想を聞いてみましょう。その中で「友達」というキーワードが出るように声かけを心がけてみてください。きっと子どもたちから出てくると思います。

T　やさしいと友達ができるねー。
　じゃあ「友達できました」と歌った後は周りの友達と握手しよう。

「友達できました」の部分を「５人と握手しよう」などに変えるとコミュニケーションはどんどん広がっていきます。

心の解放

16

低・中学年

長ーい毛虫は仲間がいっぱい

教材名	毛虫が三匹（栗原道夫作詞・小宮路敏作曲）
準備物	拍を刻める楽器，ピアノ（アカペラでも可）
めあて	音をよく聴き，コミュニケーションを深める
共通事項	旋律，リズム，速度，強弱，高低，拍

この教材は，最後に「キャッ」というかけ声が子どもの心をつかみます。その部分を生かして歌で遊びましょう。

❶ 「毛虫が三匹」を歌えるようにする

♪ けむしが　さんびき　かくれた　ぞ
（ドドドレ　ミミミレ　ミミミファ　ソースン）※スン＝四分休符
ゾロゾロ　ゾロゾロ　どこだろ　う
（ソソソファ　ミミミファ　ソソソソ　ソースン）
ここらに　いそうだ　みつけた　ぞーキャッ
（ドドドシ　ドドソソ　ドドドシ　ドースン）

❷ 拍に合わせて足踏みしながら歌う

T　拍に合わせて足踏みができればゲームができるんだよー。
難しいけどできるかなー？
C　でーきーる。

子どもたちの気持ちを引き上げる発問も常に考えたいですね。

❸ 歌いながら拍に合わせて歩いて「キャッ」の部分で友達とタッチ

ピアノが弾ける先生は，たまにピアノを止めて子どもたちのストップモーションを楽しみましょう。しっかり耳が開いている子は動きを止めてくれます。

❹ そのままじゃんけんゲーム「最初はグー，じゃんけんポン」

負けた子は勝った子の後ろへ行き，肩に手を置きます。続けていくと列が長くなっていき，毛虫がどんどん長くなっていきます。

心の解放　　17　　低・中学年

クラスは友達がいっぱい

教材名	小さな世界（若谷和子訳詞・シャーマン兄弟作曲）
準備物	拍を刻める楽器，ピアノ（アカペラでも可）
めあて	意欲を高め，活動に前向きな雰囲気を体感する
共通事項	旋律，リズム，速度，強弱，高低，拍

歩いて行くうちに心が解放されて，とても心地よい空間になっていきます。

❶　「小さな世界」を歌えるようにする

❷　座った状態で拍に合わせて足踏みできるようにする

拍に合わせる活動は，様々な方向からいつも実践しておくといいでしょう。

❸　世界の「こんにちは」を質問しよう

「ハロー」「ボンジュール」「ニーハオ」など。

いろいろ出してもらって大丈夫ですが，3つくらいで一度切りましょう。

❹　歩きながら歌おう

歌の前半が終わる部分のときに出会った友達と，「せーの」の合図で❸で出た3つの「こんにちは」から1つ選んで同じタイミングで一緒に言います。そろったら仲間となり，手をつないで次なる仲間探しに出かけます。

少しずつ円が大きくなり，とても空気が明るくなってきます。仲間が増えたら，次に言う挨拶を何にするか歩きながら決めておく必要があります。

最後は，一つの輪になってみんなで歌い上げるのもいいかと思います。

心の解放　　18　　全学年

手遊びで心を解放しよう

教材名	おちゃらか（わらべうた）
準備物	拍を刻める楽器，ピアノ（アカペラでも可）
めあて	友達とふれあうことの楽しさを知る
共通事項	旋律，リズム，速度，強弱，高低，拍

コミュニケーションを比較的とりやすいゲームです。この活動が友達とできたときに，活動に対して前向きになっている気持ちを価値づけしましょう。

❶ 「おちゃらか」を歌えるようにする

♪　せっせっせーっの　よいよいよい
　　おちゃらかおちゃらかおちゃらか　ほい
　　おちゃらか　あいこで（かったよ，まけたよ）　おちゃらかほい

❷ 手遊びをやりながら歌う

インターネットで「おちゃらか」と検索してみると，おちゃらかの遊び方が出てきます。その手遊びを参考にして活動してみてください。

テンポなども変化させて手遊びすると，その行動の速さが視覚的にわかるので，クラスに笑顔も生まれてきます。

❸ 「おちゃらか」生き残りゲーム

ペアになったら起立。音楽に合わせて，おちゃらか手遊びじゃんけん。じゃんけんで負けた子どもから席に戻ります。勝ち残った子は，別の勝ち残った子と続けます。最後の一人が優勝します。

あいこポーズ

勝った子同士が続けるとき，曲の途中から続けるため「おちゃらか　あいこで」というポーズでタイミングを取り合って続けるようにしています。ここのタイミングで続けていくのは案外難しいので成長を見取るチャンスでもあります。

また，負けた子が席に戻っても近くの子と手遊びを楽しく続けていたら，「素敵な待ち方だね」と声かけしてあげましょう。

心の解放　19　全学年

友達と笑顔でさようなら

教材名	せなかであくしゅ（福尾野歩作詞・中川ひろたか作曲）
準備物	拍を刻める楽器，ピアノ（アカペラでも可）
めあて	友達と動きながら呼吸をあわせる
共通事項	旋律，リズム，速度，強弱，高低，拍

❶ 「せなかであくしゅ」を歌えるようにする

♪ はじめまして　ごきげんいかが
（ファーソラソソド　ファファファソラソソド）
せなかであくしゅを　ギュギュギュ
（ファファファラドレドｂシラ　ソーソーソー𝄽）
ちょっとそこまで　あるきませんか
（ファーソラソソド　ファファファソラソソド）
ごきげんよろしゅう　バイバイバイ
（ファファファラドレドｂシラ　ソーソーファー𝄽）

❷ 身ぶりをつけて歌う

はじめまして→向き合ってお辞儀
ごきげんいかが→肩をたたき合う
せなかであくしゅを→背中と背中を合わせる
ギュギュギュ→合わせた背中と背中をゆらす
ちょっとそこまであるきませんか→背中を合わせたまま，同じ方向に２歩歩き２歩戻る
ごきげんよろしゅう→向き合う体勢に戻る
バイバイバイ→お互いにバイバイ

席を離れる活動の後に，この活動を入れると空間がとても明るくなります。

子どもたちは友達とふれあうことが大好きです。その中で，「背中を合わせて２歩歩く」場面で，心をそろえて歩くことができたらたくさん褒めてあげてください。片方が雑に歩くとなかなかそろわないです。

20

心の解放　　全学年

なっとうゲームで笑顔いっぱい

教材名	なっとう（作詞者不詳）
準備物	拍を刻める楽器（手拍子も可）
めあて	ゲームを通して集中力を養う
共通事項	リズム，速度，強弱，高低，拍

この教材はリズム歌です。私は授業の終わりに使うことが多いです。授業の最後を明るく終わらせることはとても大切です。

❶ 「なっとう」を覚える

♪　なっとうなっとうねーばねば
こつーぶ納豆　大粒納豆　おかーめ納豆　水戸納豆
なーーーっとう

❷ ここに身ぶりを入れる

このゲームは，歌詞に出てくる納豆に合わせて身ぶりをつけます。最後の「なーーーっとう」の部分で，今まで出てきた納豆のどれかの身ぶりを子どもそれぞれが選びます。

教師と同じ身ぶりになったら勝ちです（逆パターンもあり）。

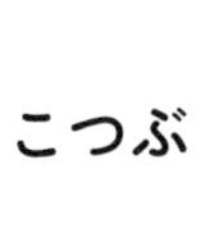

こつぶ

（両手を合わせる）

大粒

おかめ

（ほっぺにグー）

水戸

（両手とも３の指に）

な～っとう

（両手を広げて10本指）

教師と同じになった子から，さようならなどするのも楽しいかと思います。

21

まあるくなあれで友達の輪

教材名	まあるくなあれ（わらべうた）
準備物	拍を刻める楽器（手拍子も可）
めあて	一つの輪をつくってコミュニケーション力を養う
共通事項	リズム，速度，強弱，高低，拍，反復

この教材は，とても短いわらべうたですが，たくさんの教育的なヒントが隠されています。ここでは純粋に歌詞に沿ってみんなで円をつくりましょう。

❶「まあるくなあれ」を覚える

♪　まーるくなーれー（ラーラララーソー）
　　まーるくなーれー（ラーラララーソー）
　　いーちーにーのー（ラーソーラーソー）さん（ラー𝄽𝄽𝄽）
♪　ターティティターター　ターティティターター
　　タータータータ―　タースンスンスン
　　※読みと音符の対応（♩＝ター，♫＝ティティ，𝄽＝スン）

歌→リズム→音符などの流れにすると，変化があるうえに覚えやすいです。

❷ 歩きながら歌って円をつくる

T　みんな，歩きながら歌える？
C　できるー!!
T　その気持ち嬉しいなー。よし，じゃあ歩きながら歌って円をつくろう。
　　せーのーさんはい。
C　まーるくなーれー　まーるくなーれー…

円ができるまで何度も歌い続けましょう。円ができたら手をつなぎます。

T　みんなで円ができるクラスって素敵だね。
　　しかも，もう１つできていることがあるよ。
C　みんなで手がつなげているー！
T　これってさらに素敵だね。

円になった後，そのまま今月の歌や本教材の歌を歌うと響きが中心に集まってより響きを感じることができます。

22

心の解放　　全学年

みんなで一緒にしゃがんでみよう

教材名	あずきちょ（わらべうた）
準備物	拍を刻める楽器（手拍子も可）
めあて	拍を捉えて前向きな気持ちを共有する
共通事項	リズム，速度，強弱，高低，拍，反復

リズムに合わせてことばを言うわらべうたです。音程がないので誰でも取り組みやすく，視覚的にも活動がわかりやすいので子ども一人ひとりが前向きに取り組もうとしている姿をくみ取りやすい教材です。

❶ 「あずきちょ」を覚える

♪　あずきちょまめちょ　やかんのつーぶれちょ
　（ティティティティティティティター　ティティティティティティカクター）

8拍でできているリズムわらべうたです。きっと1，2回ですぐに歌えるようになると思います（音程は自由）。

❷ しゃがんでいくゲーム

全員立っている状態で歌い，4拍目，8拍目の「ちょ」の部分で少しずつしゃがんでいきます。

T　みんないくよー。よーし。あずきちょでしゃがんでいけるかなー？

C　いけるいけるー。

T　よし!!　せーの。

C　あずきちょまめちょ　やかんのつーぶれちょ　あずきちょ…

円になって座らせる活動は，音楽の授業においていろいろあるかと思います。そんなとき「座りましょう」の指示で動くより，遊び歌で拍を利用して動くことができれば，ここでも楽しみながら拍に合わせるという小さな音楽的能力を培えることができます。

T　おーーみんなうまくつぶれたー。

活動に前向きな心を，音楽活動を通して子どもたちに体感させ，そこには大きな価値があることを伝えていきたいですね。

心の解放　　23　　全学年

みんなで一緒に踊ってみよう

教材名	おたんじょう月なかま（奥野正恭作詞・作曲）
準備物	拍を刻める楽器（手拍子も可）
めあて	友達と活動する喜びを味わう
共通事項	リズム，速度，強弱，拍

この教材では，子どもたちが心を解放して音楽を純粋に楽しむことができます。

❶ 「おたんじょう月なかま」を覚える

A　○がつうまれの　おともだち　みんなでてきて　おどろうよ
（ドドドーミソソソソ　ラファファファラドー𝄽
ソーソーソラソソソ　ラソファミレー）
B　ララ　ランランランランラン　ララ　ランランランランラン
ランラララララララ　ランララランランラン
（ミファ　ソミドミソー　ソソ　ラファファファラドー𝄽
ソーソソラソファミ　レーミファミレドー𝄽）

楽しい中で，次のようなクラスにとって大切な資質もたくさん身につけることができます。

・みんなの前に出ても笑われない
・友達と手をつなげる
・活動に対して前向きに向き合える

❷ 実際に輪になって踊る

T　みんなー。自分の誕生日の月がきたら前に出てきて，輪をつくって拍に合わせてジャンプできるかなー？

T　でも結構勇気がいるから無理はしないでね。

まずは1・3・5月など複数の月にして前に出てきやすい雰囲気をつくりましょう。慣れてきたら，みんなで円をつくって，円の中心に出てきて踊りを行うのもよいかと思います。

心の解放　24　全学年

子ども一人ひとりとふれあおう

教材名	ずいずいずっころばし（わらべうた）
準備物	なし
めあて	拍にのって一人ひとりの子たちとふれあう
共通事項	リズム，速度，拍

昔から伝えられているわらべうたです。このなじみやすい教材を使って，子どもたち一人ひとりと授業の中でふれあう活動にしていきましょう。

❶「ずいずいずっころばし」を歌えるようにする

♪　ずいずいずっころばしごまみそずい
ちゃつぼにおわれてとっぴんしゃん　ぬけたらどんどこしょ
たわらのねずみがこめくってちゅう　ちゅうちゅうちゅう
おっとさんがよんでもおっかさんがよんでも　いきっこなーしーよ
いどのまわりでおちゃわんかいたの　だーれ

❷ 身ぶりをつけて歌う

T　じゃあ今度は手も動かそうかなー。歌いながらできるかなー。

両手で膝をたたく→右の友達の膝をたたく
→また自分の膝をたたく→左の友達の膝をたたくようにします。

C　ずいずいずっころばし…

T　おーーーできるねー。

T　じゃあ，次は手拍子を回しながらもやってみよう。

手拍子を一人一回ずつ順番にたたいて歌います。

T　声と体を一緒に動かしながらやるのって，すごく難しいことなんだよ。

T　次はみんなの手に先生が拍に合わせて指を入れて回るから，先生の指が入る穴を手でつくっておいてね。

ここで教師は拍に合わせて，一人ひとりの手に指を入れに回りましょう。その際，穴は両手を合わせて一つにした方がたくさんの子どもたちを回ることができます。音楽の流れにのって一人ひとりの子どもとの距離を近づけられます。

心の解放　25　全学年

いろいろな友達とふれあおう

教材名	くまさんくまさん（わらべうた）
準備物	なし
めあて	友達同士のコミュニケーションを広げる
共通事項	リズム，速度，拍，旋律

友達とふれあいながら楽しめるわらべうたですが，そのふれあいのハードルがとても低いため，少しずつ友達と活動することの抵抗を下げてくれます。

❶ 「くまさんくまさん」を歌う

♪　くまさんくまさん　両手をついて　くまさんくまさん　回れ右
　くまさんくまさん　片足あげて　くまさんくまさん　さようなら

❷ 身ぶりをつけて歌う

両手をついて→友達と手をたたき合う　回れ右→右回りで一回転
片足上げて→足を上げ合う　さようなら→おじぎ

❸ 友達とペアで活動する

友達と向き合って活動しますが，実際にふれあうのは「両手をついて」の部分のみなので，ペア活動としてはハードルが低く活動しやすいです。

❹ ペアを増やして輪になって続けて歌う

例えば6人であれば，３人３人の二重円にします。そこで向き合ってこの一連の流れを行い「さようなら」の続きに「つぎのひとー(ララソソラー)」を足します。そこで，外側か内側の人が右に１歩ずれていくといろいろな子とふれあうことができます。

また，少人数で二重円をつくる練習をしておくと，大人数になってもスムーズに円がつくれるようになってきます。そうなれば活動の幅も広がりますよ。

歌唱　26　全学年

「フー切り」で発声しちゃおう

教材名	なし
準備物	ピアノ（アカペラでも可）
めあて	声にも様々な種類があることを知る
共通事項	旋律，リズム，強弱，高低

普段使うしゃべり声の他にも，いろいろな声があるということを伝えるのに最適で，楽しめる活動です。

❶　適当な音の高さで「Fu」の発音で声を出す（2点ドあたり）

T　この高さで声伸ばせる？

C　いけるいける。

T　じゃあ Fu の発音で出してみよう。せーの。

C　Fu−−−−−−−

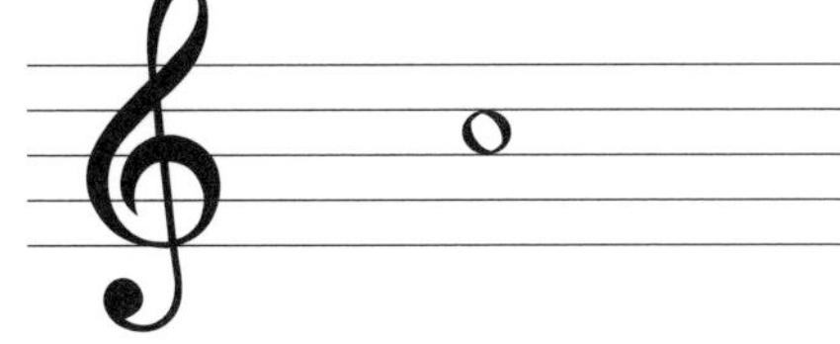

この要領でどんどん音を上げていってみましょう（半音ずつ）。高い「ミ」の音くらいはすぐに出ると思います。

❷　声で遊ぶ

T　みんな，しゃべり声以外にもいっぱい声の種類をもっているねー。まだまだみんなの中には隠れた声があるのかもねー。

T　次は，先生の手のひらが天井を向いて，パーになったら歌声で Fu の声を出してね。そして，グーになったら声を消してね。

C　はーい。

T　（おもむろに）手をパー。

C　Fu−−−−−−−

ここで，パー→グー→パー→グーを交互に出してゲーム感覚で遊んでみてください。たまにパーを出すと見せかけてグーを出すと，間違えて声を出す子も出てきたりします。そのときは，活動に取り組もうとしているやる気を認めましょう。「やる気がある間違いは素敵だね」という声かけは，安心感のある空間をつくってくれます。

歌唱　27　全学年

みんなで合唱達人になろう

教材名	ハローハロー（中明子訳詞・アメリカ民謡）
準備物	ピアノ（アカペラでも可）
めあて	声の楽器は自分の体，姿勢＝楽器づくりをする
共通事項	旋律，リズム，強弱，高低

心の解放編でも使用した「ハローハロー」は，歌唱の常時活動でも様々な活用方法があります。一つの教材を存分に生かしていきましょう。

❶ 「ハローハロー」を歌う

ここでは，「やあこんにちは　ごきげんいかが」の部分で，お隣さんの肩たたきなどを入れて気持ちもリラックスしながら歌いましょう。

❷ 合唱達人を探せ！

私は，合唱達人ということばを使って，以下の項目を子どもたちに提示しています。

合唱達人	
・しゃきっと立ち	→足が地面について背筋が伸びている
・自分１身長	→歌うときに前のめりになっていない
・スマイル君	→にこにこ笑顔
・きらきら目	→笑顔＋α
・たてハンバーガーラッパ口	→口がたてに開き唇が少し広がっている

これらのポイントは，すべて声を出さなくてできることです。すなわち，意識次第ですべてできるものです。歌うときの姿勢は，自分では目にすることができずとらえにくいものです。だからこそ，積み重ねの一つとしてポイントを決めるのは効果的実践につながっていきます。

「ハローハロー」は，始まりの部分をずっと伸ばすことができるので合唱達人を探しやすいですよ。

28

歌唱　　全学年

声のエネルギー源を知ろう

教材名	ハローハロー（中明子訳詞・アメリカ民謡）
準備物	ピアノ（アカペラでも可）
めあて	声の楽器は自分の体，息の大切さを知る
共通事項	旋律，リズム，強弱，高低

教科書や，歌集などにはたくさんの歌が載っています。当然のように歌うときに使っている声ですが，声をたくさん出すために物理的に大切なものは何でしょう。

それは，「息」です。このようなとても大切な概念でありながら，当然すぎて忘れていることにも，常時活動でふれておきたいですね。

❶ 「ハローハロー」を歌う

❷ いろいろな音を伸ばして歌う

T　よし，じゃあ次は初めの音を伸ばして歌うよ。せーの。

C　ハロ－－－－－－

ここで，手のひらを天井に向けてずっと音を切らない動作を教師がとります。

C　－－－－…

T　あれ？　先生まだ切る合図とってないよ。

T　どうして切っちゃったの？

C　だって苦しいんだもん。

T　なるほど！　ということは声を出すために必要なものは？

C　息！

T　そうそう！　じゃあ歌うときはいつも息を大切にしようね。

T　次はうまく息継ぎしながらずっと伸ばしてみてね。せーの。

C　ハロ－－－－－－－－－－－－－

T　すごい。今，どれだけでも息がもつように感じさせるくらい上手に吸いながら伸ばしていたね！

歌唱　**29**　全学年

ユニゾンを知ろう

教材名	ハローハロー（中明子訳詞・アメリカ民謡）
準備物	ピアノ（アカペラでも可）
めあて	声の楽器は自分の体，息の大切さを知る
共通事項	旋律，リズム，強弱，高低

歌唱活動において，気がつけば斉唱で歌を歌っていて，気がつけば合唱を行っているように思います。どのような歌唱形態においても「斉唱」は基本となります。「斉唱」，すなわち「ユニゾン」という概念にもふれておきましょう。

❶「ハローハロー」を歌う

❷ 曲の冒頭の部分をあえて教師が音程を外して歌う

C　ハローハローハローハロー（斉唱）

T　ハローハローハローハロー（音程を外して，大声で）

C　…

T　あれ？　何か変だった??

C　先生の音が変だよ。

T　どんなふうに変だった？

C１　音の高さ。

C２　声の強さが雑！

いろいろ出ると思いますが，この２つのポイントに子どもたちが着目できるように心がけましょう。

T　よし。じゃあ高さと強さに気をつけるね。

T＆C　せーの。ハローハロー…

T　そろった！

T　こうやって同じ高さでそろえて歌うことを音楽では，ユニゾンっていうんだよ。

T　じゃあ，もう一回ユニゾンで歌ってみよう。

歌唱　　30　　中・高学年

こっそりハンドサインをつけよう

教材名	ハローハロー（中明子訳詞・アメリカ民謡）
準備物	ピアノ（アカペラでも可）
めあて	音感を養う
共通事項	旋律，リズム，強弱，高低

一つ前の活動で，「ユニゾン」を学習しました。しかし，音をそろえるという知識があっても，実践で音の高さをそろえることが苦手な子どももいます。音感を養っていくことは歌唱活動を深めるために大切なスキルです。

音感を育てるのに有効なのが，視覚的に音の変化がわかるコダーイ・メソッドのハンドサインです。ここでこっそりハンドサインを使ってみましょう。

T　「ハローハロー」の最初の音が「ド」だった場合，次の音は何？

C　んーーー。シ？　ラ？　レ？　ソ？

ここで子どもたちは意外と悩みます。子どもたちが答えた音で，実際にピアノなどで弾いてあげましょう。もちろん，声で示しても大丈夫です。

T　ドーソー。おーーーこれだー。

この要領で続きの音もやっていきます。

T　よし，じゃあ音符歌いでつなげよう。せーの。ドー。

ここで教師は，こっそりハンドサインをやりながら歌いましょう。

T　先生の何かに気づいた人いる？　気づいた人はまねしていいよー。

教え込むのではなく，自然に導入してハンドサインに慣れましょう。

歌唱　　31　　全学年

歌声で音色を知ろう

教材名	ハローハロー（中明子訳詞・アメリカ民謡）
準備物	ピアノ（アカペラでも可）
めあて	音色を味わう
共通事項	旋律，強弱，高低，音色

声にも様々な色があります。一人ひとりが元気に歌ってくれる低学年から，声の出し方にこだわり美しいハーモニーを楽しむことができる高学年に至るまで様々な声の音色を体験し，子どもたちと共有しておきたいです。

❶ 音色探し

T　最初のハローを伸ばそう（2点ド）。せーの。

C　ハローーーーーーー

T　次は，この音で（半音上げる。2点ド♯）。せーの。

半音ずつどんどん高くしていきましょう。

T　みんな，どうしていつものしゃべり声を使わないの？

C　音が高くてしゃべり声だと出ないからだよー。

T　なるほど。確かにこんな高い声，歌のとき以外ではあまり使わないもんね。じゃあ，この声は「歌声」っていうカテゴリーにしよう。

❷ 音色でゲーム

歌声に慣れてきたら，その声をつかんだ子どもの力を借りてゲーム感覚で耳を鍛えましょう。

T　○君，初めのハローを一人で伸ばしてくれる？

できそうな子を指名します。

T　他の人は○君の声の色と調和する声で先生に指名されたら，徐々に声を出していってね。全員がまるで○君の声のように。

T　じゃあ○君いくよ。せーの（一人→だんだん増やして最後全員）。

もし緊張で出なかったら教師も助けてあげましょう。

T　おー音色そろった。そして，一人ではじめてくれた○君の勇気に拍手！

歌唱　　32　　中・高学年

歌声でハモッちゃおう

教材名	ハローハロー（中明子訳詞・アメリカ民謡）
準備物	ピアノ（アカペラでも可）
めあて	ハーモニーを感じる
共通事項	旋律，強弱，高低，音色，音の重なり，和音の響き

いよいよ，この教材のもつ本来のパワーを使いましょう。それは，曲のはじめの部分で４声に分かれてハモれるということです。

教科書で２部合唱が出てくる前の下準備として，常時活動でハーモニーに慣れておくことで，本活動をとてもスムーズに進めることができます。

❶　グループごとで伸ばす音を決めてハモる

まず４つのグループに分けます。

T　１丁目が高いド，２丁目がソ，３丁目がミ，４丁目が低いド，だよ。

私は，子どもが座っている席を音楽室の住所というふうに定めて，１丁目～４丁目という呼び名にしています。

T　自分たちの出番が来たらどんどん立っていってね。最後はみんなそろうよ。ちなみに，一番苦しいのは何丁目？

C　１丁目ー。

T　そう。１丁目は長い息が必要だよー。うまく息継ぎするんだよ。

T　では，１丁目から。せーの（私は，はじめは階名で行います）。

❷　伸ばす音を自分で決めてハモる

T　次は，４つの音から１つ選んでその音が来たら立ってね。

T　相談なしだよ。ではいくよ。せーの。

きっとはじめの高いドは少ないと思います。誰が立つかわからない最初のドで立ち上がれた子には，その勇気に価値があることを伝えましょう。

T　じゃあ次は各音，５人ずつでいけるかなー？

人数を減らせば減らすほど，一人ひとりへの責任は大きくなるのですが，ハーモニーは感じやすくなります。各音一人を目指して常時活動しましょう。

歌唱　33　全学年

替え歌して何度もハモッちゃおう

教材名	ハローハロー（中明子訳詞・アメリカ民謡）
準備物	ピアノ（アカペラでも可）
めあて	歌詞を変えてハーモニーを味わう
共通事項	旋律，強弱，高低，音色，音の重なり

このような魅力的な教材は何度も繰り返し使いたくなるのですが，何度も同じように繰り返し使っていると，さすがに子どもたちも飽きてしまいます。

そこで，教材を新鮮にしてくれる一つの方法が替え歌です。歌詞を変えることで，子どもたちはまるで新しい教材を歌っているように前向きに取り組んでくれます。繰り返し行うための手段として，替え歌はとても有効です。

❶　替え歌のテーマを決める

T　ハローの部分を，好きなラーメンに変えよう。誰か言ってくれる？

C　はい！　とんこつー。

C　チャーシューメン。

C　しょうゆ。

C　しお。

このような誰でも言えるような発問も大切にしましょう。

T　じゃあ，好きなラーメンで立ってねー。いくよー。

C　とんこつラーメンー（ド）

C　チャーシューメンー（ソ）…

❷　続きの部分も替え歌にする

T　続きの部分もラーメンに合った歌詞つくれるかなー。
　　拍も決まっているから難しいけど考えてみてー。

C　チャーシュー　メンマに　チャーハン　食べたい。

T　おーーー，拍やリズムにもばっちり合っているー。

T　じゃあこのバージョンでやってみよう。

T　自分のラーメンで立ってねー。

肩たたきなども入れて楽しみましょう。

34

いろいろな高さで歌ってみよう

教材名 なべなべ（わらべうた）
準備物 ピアノ（アカペラでも可）
めあて 高さの変化を体感しよう
共通事項 旋律，強弱，高低，音色

この教材は，子どもたちにとてもなじみやすいわらべうたです。

日本のわらべうたの特徴は，

・短い曲が多い
・少ない音でつくられている
・音の高低差が少ない

などが挙げられます。

これらの特徴を生かして，様々な常時活動につなげていきたいと思います。

❶ 「なべなべ」を歌えるようにする

♪ ラーソーラーソー　ラーラララースン（𝄽）
　ラーララララシシ　ラララソラースン（𝄽）

❷ いろいろな高さで「なべなべ」を歌う

T　みんなー，今何回も「なべなべ」を歌っているけど，何か変わっていることに気づいた人いる？
C　音の高さ？　音の強さ？
T　どっちだろう？

子どもたちは，高さと強さが混ざっていることが多いのでしっかり整理してあげましょう。

C　高さだー！
T　よし，じゃあどんどん音の高さを変えちゃうよー。

どんどん高くしていきましょう。高くすればするほど楽しく新鮮に歌え，子どもたちは自然に頭声的な声も使いはじめます。

歌唱

35

全学年

声のリレーで歌ってみよう

教材名	なべなべ（わらべうた）
準備物	ピアノ（アカペラでも可）
めあて	音価を大切にする
共通事項	旋律，強弱，高低，音色，音の重なり，音価

❶ 「なべなべ」を歌う

いろいろ高さを変えたり，速さを楽しんだりしましょう。

❷ 一音ずつリレーで歌う

T　じゃあ次は，グループごとに一音ずつ歌うよー。

私は，まずは縦列をグループにします（𝄽も１音に入れます)。

T　一生懸命の間違いは大歓迎だからね。

教師はその列の前に移動して，順番をアシストしてあげましょう。

C　な・べ・な・べ・そー・こ・ぬ・け…

T　よく頑張ったねー！　ただちょっとロボットみたいだったから，次のグループにつながるように歌ってみよう。

T　目指せ一人で歌っているように！

C　なーべーなーべーそーこぬけー（𝄽）

T　おーつながったー！　どうして今度はつながったんだろう？

C　みんながしっかり伸ばしたからー。

T　そうそう。音符の長さをしっかり生かしたんだねー。

❸ 拍でリレーする

T　じゃあ，次は１拍ずつリレーだよ。

T　拍リレーにすることでさっきと何が変わる？

C　ことばが増えたりするー。

T　よし，じゃあさらに難しいけど音の長さを大切にやってみよう。

間違いを楽しめるように何度もチャレンジしてみましょう。

歌唱　　36　　中・高学年

高さを変えてカノンで歌ってみよう

教材名	なべなべ（わらべうた）
準備物	ピアノ（アカペラでも可）
めあて	音楽の縦と横との関係を感じる
共通事項	旋律，強弱，高低，音色，音の重なり，音楽の縦と横との関係

カノンと聞くと曲名を連想する方も多いかもしれませんが，音楽的な様式の一つを指します。意味は，旋律を追いかけ合うことで，一般的には輪唱と思っていただいて大丈夫です（例：「かえるの歌」で追いかけっこ）。

❶ 「なべなべ」を歌う

ここでは，高さ・速さに加えて一音伸ばしたり音価を変えたりして遊んでみましょう。一つの音符を伸ばすだけでも，新鮮な気持ちで教材に取り組めます。

少しの工夫で新しい教材に取り組んでいるような感覚をもたせることは大切です。

❷ 高さを変えて重ねてみる

T　みんな，いろいろな高さで歌えるようになったねー。

T　じゃあ，2つのグループに分けて重ねてみよう（開始音ラとレなど）。

C　なーベーなーベー…。

T　おーーーハモッたー。

❸ 高さを変えてカノンで歌ってみる

カノンの様式を使って，音楽の心地よさをさらに味わいましょう。

T　次は，高さを変えたまま追いかけっこで歌ってみよう。

C　なーベーなーベーそーこぬけー

（レードーレード）

なーベーなーベーそーこぬけー

（ラーソーラーソ）

T　こうやって追いかけっこするやり方を，カノンって言うんだよー。

T　次は，追いかけあいの順番を逆のグループにしてみようね！

歌唱

37

中・高学年

友達と踊りながら指揮者を感じよう

教材名	なべなべ（わらべうた）
準備物	ピアノ（アカペラでも可）
めあて	指揮を感じて音を伸ばす
共通事項	旋律，強弱，高低，音色，音の重なり，音価

この教材には，友達と手を取り合いながら行う踊りがついています。私はそれを「なべなベダンス」と呼んでいます。なべなベダンスは単純な踊りですが，友達と行うことで笑顔があふれてくる活動です。

❶ なべなベダンスを覚える（ネットでなべなべと検索すると出てきます）

❷ ペアで，なべなベダンスを踊りながら歌う

この活動はペアがいないと成り立たないので，友達とペアになれることが重要です。

ペア活動で子どもたちを不安にさせるのは一人ぼっちです。一人をつくらないクラスの雰囲気をつくれるように心がけましょう。

T　よし，ペアができたねー。じゃあ踊りながら歌ってみよう。

C　なーべーなーべーそーこぬけー（𝄽）
そーこがぬけたらかえりましょー

ここで，指揮者が音を伸ばすジェスチャーをとってみましょう（手のひらを上に向けてそのポジションを保つ）。

T　どうしてみんな伸ばしたの？

C　先生が伸ばす仕草をしていた。

これこそ，指揮を見る一歩目です。高さ・速さに加えて一音伸ばしたり，音価を変えたりして遊んでみましょう。

❸ 高さを変えて歌う

T　じゃあ，どの高さでも歌えるようにしよう。「しょ」伸ばしね。

体を動かしながら，最後の音を伸ばし続けるのは結構大変な作業ですので技能も伸ばしていきましょう。

友達と踊りながらハモッちゃおう

教材名	なべなべ（わらべうた）
準備物	ピアノ（アカペラでも可）
めあて	身体表現で拍とハーモニーを感じる
共通事項	旋律，強弱，高低，音色，音の重なり，拍

❶　「なべなべ」をいろいろな高さで歌う

❷　２つのグループに分けて高さを変えて歌う

❸　高さを変えてカノンで歌う

ここまでで，たくさんハモリで遊びましょう。

❹　踊りながらハモって歌う

T　ペアになって高い音（S ソプラノ），低い音（A アルト）どっちをペアで歌うか決めてねー。

私は高い方（S）を２点レ，低い方（A）は１点ラではじめさせます。

T　他のペアにつられないように頑張ってねー。せーの。

C　なーべーなーべーそーこぬけー…

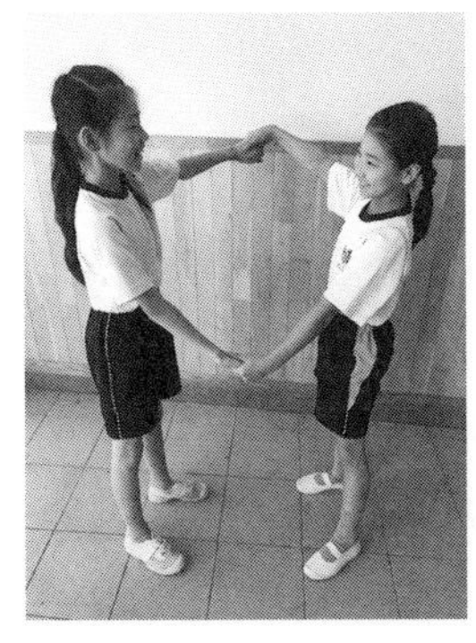

最後は，先ほど（p.60）の指揮者伸ばしをやりましょう。ハモリを伸ばし続けるのは歌う技術，聴く技術の両方を伸ばしてくれます。

T　じゃあ，次はペアで違う音を決めて歌おう。
　　難しいから，つられるかもしれないけど挑戦してみよう。

これができるようになると，音楽的にかなり力がついてきています。

歌唱　　39　　高学年

踊りながら音楽の終止を味わおう

教材名	なべなべ（わらべうた）
準備物	ピアノ（アカペラでも可）
めあて	音楽にはしっかり終止があることを知る
共通事項	旋律，強弱，高低，音色，音の重なり，フレーズ，和音の響き

「なべなべ」の最後は，音楽の終止を感じる活動につなげていきたいと思います。始まりがあれば終わりがある。これは，音楽を通して学んでほしいことの一つです。ことばにすると少し堅苦しいですが，活動の中で行えば気軽に感じさせることができます。

これまでの活動の続きのようなイメージでの声かけを紹介します。

❶　踊りながら終止を味わう

T　みんな簡単にハモれるようになってきたねー。

T　高さも変えて歌えるし，重ねられるし，ずらせるし，踊れるし，指揮も見て伸ばせるし，できることいっぱいになったねー。

❷　「ま」で伸ばして「しょ」につなげる

T　じゃあ次は，「なべなべ」の最後の「かえりましょー」の「ま」で伸ばせるかなー？　しかも踊りながら！

T　「しょー」に進むタイミングは指揮で示すよー。

C　ペアづくりー。

T　踊りながらだから，伸ばす音「ま」のタイミングがきたら動きも止めて伸ばしてねー。せーの。

C　なーべーなーべーそーこぬけー（𝄽）そーこがぬけたらかえりまーーー

ここでペアによって様々な動きで止まるので，その動きも楽しみましょう。

C　（次に進む合図を指揮で伝えて）しょーーー。

T　曲が終わった感じを味わえた人？

C　はーい。

T　音楽にもしっかり終わり方があるんだね。

歌唱　　40　　全学年

遊びながら発声しちゃおう

教材名	おてぶしてぶし（わらべうた）
準備物	ピアノ（アカペラでも可）
めあて	いろいろな高さで歌って発声する
共通事項	旋律，強弱，高低，音色，フレーズ

この教材は，ゲーム性にとても優れています。歌を歌うために発声をしたいけど，発声はただ行うとつまらない。だからこそ，子どもはゲームで遊んでいるつもりでいつの間にか声が出るようになっていたというのは理想ですね。その理想に近づけるのがこの教材のように感じます。

❶ 「おてぶしてぶし」を歌えるようにする

♪　おてぶしてぶしーてぶしのなかにー　へーびのなまやけかえるのさしみー
　　いっちょばこやるからまるめておくれー　いーやー

はじめての曲を覚えるときは，ただ何度も繰り返すのではなく，「最後の部分だけ」「3小節目だけ」などパターンを変えて取り組むと飽きずに活動に取り組めると思います。

❷ 拍に合わせていろいろな高さで身ぶりをつけて歌う

私は手拍子→隣の人と手合わせ→手拍子・手膝など，いろいろバリエーションをもつようにしています。いろいろな高さがポイントです。

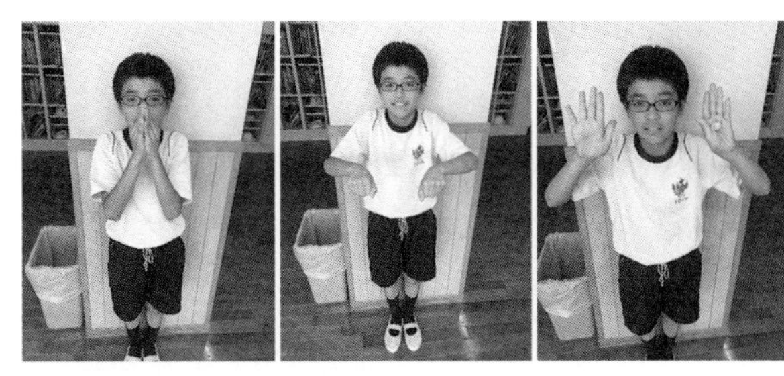

❸ 最後の「いーや」の部分を使ってゲームにする

教師は，自分の胸の前あたりに手と手を合わせて（空洞ができるように）その中に消しゴムを入れます。歌いながら消しゴムが入った手と手を左右に揺らして「いーや」の部分でふってどちらかの手に消しゴムを入れます。どっちに入ったかクイズすると，とても盛り上がり，何度も繰り返し歌えます。

歌唱　41　中・高学年

カノンしながらハモっちゃおう

教材名	おてぶしてぶし（わらべうた）
準備物	ピアノ（アカペラでも可）
めあて	ハーモニー感覚を身につける
共通事項	旋律，強弱，高低，音色，音の重なり，フレーズ

このわらべうたのゲーム性を大いに活用して，合唱で必要とされる「ハーモニー」感覚を身につけていきましょう。

❶　「おてぶしてぶし」を歌う

❷　身ぶりをつけて歌う

❸　ゲームを交えて歌う

速さ，高さ，音の重なりなども取り入れていきましょう。

❹　カノンで重ねて歌う

T　みんな，この曲でいろいろな歌い方ができるようになったねー。

T　じゃあ，次は高さを変えて歌いだすタイミングもずらして歌うよー。

T　ずらして歌う歌い方はー？

C　カノンーー。

この返答が来るようになると嬉しいですね。

T　最後の「いーや」の「い」で伸ばして追いかけてくるチームを待とうね。

T　もちろん消しゴムゲームもやるからね。

クラスをAチームとBチームの２グループに分けましょう。

T　じゃあいくよー！　せーの。

A　おてぶしてぶしーてぶしのなかにーへーびのなまやけ…

B　おてぶしてぶしーてぶしのなかにーへーびの…

…いーーーーーーーーーーーーーーーや

…いーーーーーーーーーーーや

最後の「や」でそろった感じを味わいましょう。

42

歌唱　　中・高学年

笑顔を見つけよう

教材名	おちゃをのみに（わらべうた）
準備物	ピアノ（アカペラでも可）
めあて	表情をよくする
共通事項	旋律，強弱，高低，音色，音の重なり，フレーズ

この教材も様々な使い方ができますが，今回は笑顔が生まれてくる活動を紹介します。「歌うときには笑顔で」ということばをよく耳にしますが，子どもたちは自然にたくさんの笑顔をもっていることを伝えていきたいですね。ついつい笑顔が出てしまう活動を心がけます。

❶「おちゃをのみに」を歌えるようにする

リズム・歌詞・旋律をそれぞれに分けて考えてそれぞれの特徴で遊びながら歌えるようにしてみてください。例えば，友達とリズムで手拍子，歌詞に合わせて身振りをつける，旋律を短く区切ってリレーするなどです。

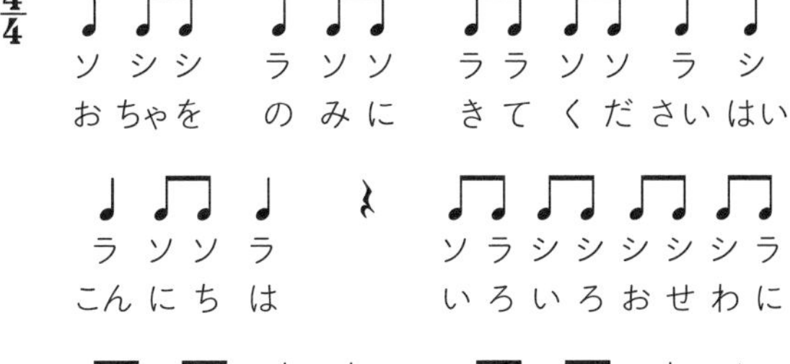

❷「は」と「ら」でペアで顔を出すゲーム

♪　お茶をのみにきてください　はいこんにち「は」
　　いろいろお世話になりました　はいさような「ら」

T　友達とペアをつくろう。基本は２人ペア。

T　相手と向かい合って両手を顔の前において相手が見えないようにしよう。

T　歌いながら，「は」と「ら」のタイミングで手の右側か左側に顔を出そう。

T　相手とそろったらヤッターだね。ずれても活動していることに拍手して次回そろうことを目指そう。やってみよう。

そろってもそろわなくても笑顔が生まれてきます。

歌唱　　43　　中・高学年

声と耳を磨いていこう①

教材名	カノン（M. ハウプトマン作曲）
準備物	ピアノ（アカペラでも可）
めあて	声の出し方，ハーモニーを感じる
共通事項	旋律，強弱，高低，音色，音の重なり，フレーズ，和音の響き

私は，カノンは合唱につなげていくうえでとても有効な手段だと感じています。なぜならカノンはずらして歌うことで周りにつられにくく，取り組みやすいわりにハーモニーを心地よく感じやすい方法だからです。

また，私はカノン教材のときは音符で提示することが多いです。音符で提示することで，歌詞のイメージに惑わされることがなく純粋に音楽に集中できるからです。音符で自然に歌えるようになった後に歌詞を考えることもありますが，基本的には音符で活動しています。

カノンを通してハモることの楽しさを味わい，音楽の知識・技能を増やしていきましょう。

○　「ハウプトマンのカノン」を歌う

T　先生は何番のリズムをたたいているでしょう。ゲームのようにして旋律になじんでいきましょう。

T　じゃあ，③を歌ってみよう（同じ要領で全部やってみる）。

T　２つに分けて追いかけてみるよー。

4/4

① ド　レ シ　ド ソ　ド レ

② ミ　ファ レ　ミ　ミ ファ

③ ソ　ソ ソ　ソ　ラ ファ

④ ミ　レ　ド

このカノンは，１，２拍目が伸ばすようにできているので，ハーモニーを感じやすい教材です。とても滑らかな曲なので１フレーズごとに滑らかに歌ってみましょう。歌えるようになったら，滑らかな曲想に合う歌詞を考えてみても楽しいと思います。

歌唱　44　中・高学年

声と耳を磨いていこう②

教材名	夜が明けた（フランス民謡）
準備物	ピアノ（アカペラでも可）
めあて	声の出し方，ハーモニーを感じる
共通事項	旋律，強弱，高低，音色，音の重なり，フレーズ，和音の響き

　このカノン曲は，最大５人で分けることができ，ハーモニーもとてもきれいなので私の中で不動のカノン曲です。

　元々フランスの曲ですが，日本では「夜が明けた」という曲名で有名です。途中，少し原曲とアレンジは違いますがぜひ楽曲のもつ美しさを堪能してみてください。

　いつでも歌えるカノン曲を子どもの持ち歌の一つとできたら最高ですね。

○　**フランスのカノンを歌う**

T　まずは手拍子で歌ってみようか。

C　パン　パパ　パンパンパンパンパーン…

T　どうしてリズムがわかった？

C　記号（音符）が書いてあるからだよー。

4/4
① ドドレミドレシド
② ミミファソミファレミ
③ ソソソラソファソミ
④ ミミミファミレソド
⑤ ドドドドソソド

T　なるほど！　みんなが理解しながら演奏していて嬉しいなー。

T　そのリズムでカノンにしてみよう。

T　じゃあ，そのリズムに音符をのせてみよう。

C　ドードレミードー　レーシードーー…

　慣れてきたら２つのグループに分けてカノンにして，終わり方は教師の合図で伸ばして終わりにします。それぞれの１拍目で伸ばすように終わると，とてもきれいにハモります。

45

歌唱　　中・高学年

声と耳を磨いていこう③

教材名	ごきげんよう（イギリス民謡）
準備物	ピアノ，ピッチパイプなど（アカペラでも可）
めあて	声の出し方，ハーモニーを感じる
共通事項	旋律，強弱，高低，音色，音の重なり，フレーズ

最後に紹介するカノン曲は，歯切れのよいリズムが特徴の教材です。また，新しいフレーズに移るときに，前のフレーズの最後の音と次のフレーズの始まりが同じなので難易度も低くカノンを味わうことができます。

リズムの特徴を活かし，歯切れよい歌い方に導いていくと自然に曲のもつ性格を子どもたちも体感していくように思います。

○ 「ごきげんよう」を歌う

T　先生の足踏みは何番のリズムでしょう？

足踏みリズムで曲になじんでいきます。

T　この曲って歌っていてどんな感じがする？

歌詞がないので，曲そのもののイメージを子どもたちから聞けます。

C　元気。

C　スキップ。

C　弾んでいる。

T　理由はわかる？

ここでリズムの特徴に着目できるように心がけましょう。この特徴で歌詞をつけても面白いですよ。

（例）○○君　超元気　いーいつも明るく　超元気ー　など

46

歌唱　　　　中・高学年

ハミングワールドを味わおう①

教材名	なし
準備物	ピアノ，ピッチパイプなど（アカペラでも可）
めあて	音程感覚，ハーモニー感覚を養う
共通事項	旋律，強弱，高低，音色，和音の響き

ハミングは，歌唱を深めていくうえで身につけておきたい技能の一つです。

❶ ハミングを知る

T みんなーこの音（ファくらい）で鼻のつけ根がビリビリする歌い方できたかなー？

T せーーっの。

C m———————

T そうそう，そんな感じ。じゃあ次は先生がビリビリ響いている人を探しにいくね。せーの（ハミングは高音の方が難しいです）。

C m———————

T おっ！　〇〇君響いている。周りの人，もし〇〇君が許してくれれば鼻のつけ根を触らしてもらってごらん。

❷ ハンドサイン

「こっそりハンドサインをつけよう」（p.53）で紹介したハンドサインを使ってハーモニーの世界を味わっていきましょう。

T 先生のハンドサインでまずは鼻が震えるように音符で歌えるかなー？ハンドサインに沿って音程を追ってみましょう。それができるようになったら２つに分けてみます。

T じゃあ，真ん中から先生の手の右手側の人は，先生の右手で出した音を歌う。左側の人は左手で出した音符を歌ってね。

はじめはユニゾンにして途中からハモらせていくと重なりやすいです。

ドーー→レーー→ドーーー→レーーー→ドーーー（余韻を楽しむ）

↘ミーーー→ファーー→ソーーー（余韻を楽しむ）

歌唱

47

高学年

ハミングワールドを味わおう②

教材名	なし
準備物	ピアノ，ピッチパイプなど（アカペラでも可）
めあて	音程感覚，ハーモニー感覚を養う
共通事項	旋律，強弱，高低，音色，音の重なり，和音の響き

ハミングは，実際に歌声を出すよりも抵抗が低く音を出すことができるうえにハーモニーを体感しやすい歌い方です。この活動で少しずつハーモニーに耳が慣れていくと，合唱などの本活動がとてもやりやすくなります。

T　みんなー先生のハンドサインに合わせてハミングで歌えるかな？

ハミングは低い方が体感しやすいので「ド」あたりからはじめてみましょう。

T　せーーーの。

C　m（ド）−−−−−−−m（レ）−−−−−−m（ミ）−−−−−−−−

終わったときに余韻までしっかり聴けるようにしましょう。まずはしっかりユニゾン（旋律）で音程がそろう耳を鍛えましょう。

そして次は，「ハミングワールドを味わおう①」（p.69）でも行った，途中からハモるやり方をハミングで行います。

「ド」のあたりからはじめて「ミ」くらいまでは同じ旋律。「ファ」に入ったあたりから片方のチームは「レ」に戻り，最後を「ド」と「ソ」あたりで重ねる。この流れからはじめると大きな負荷をかけることなくハモれるかと思います。

T　ちなみに，音と音の距離の単位って知っている？

C　？？？

T　音と音の単位は「度」で示すんだよ。

T　ドからソは，ドレミファソをそのまま数えて５度だよ。

「ド」と「ド」が１度です。０度はないので注意してください。

48

歌唱　　全学年

チャイムで遊ぼう①

教材名	なし
準備物	ピアノ，オルガンなど
めあて	音程感覚を養う
共通事項	旋律，強弱，高低，音色，ハーモニー

どこの学校でも，基本的には鳴っているであろうチャイムも，使い方によってはとっても素敵な教材へと変化します。ここではチャイムを使って音程感覚を身につけていきましょう。

♪　キーンコーンカーンコーン　キーンコーンカーンコーン
　（ラーファーソードーーーー　ドーソーラーファーーーー）

T　みんなー今のチャイム。音にすると何の音だろう？

まずは実音名でやってみます。

T　最初の音は「ラ」なんだけど次は何だろう？

C　「ミ？」「ソ？」「ファ？」

意外といろいろな音が出てきて子どもたちは悩みます。子どもたちが言った通りにピアノなどで示してあげましょう。

T　まずは「ミ」ね。（ピアノで）「ラーーーミーーー」

C　これじゃない!!

T　なるほど。じゃあ次は「ソ」。「ラーーーソーーーー」

C　これも違う。

T　じゃあ次は「ファ」。「ラーーーファーーー」

C　これだーーー。

T　大正解。

この要領で最後の音までやってみましょう。子どもたちは，少しずつ音程の幅を感覚的に身につけていくことができます。最後までいったら，音符で歌って，慣れてきたらハンドサインをつけて歌ってもいいかと思います。

歌唱

49

中・高学年

チャイムで遊ぼう②

教材名	なし
準備物	ピアノ，オルガンなど
めあて	音程感覚を養い，音の重なりを感じる
共通事項	旋律，強弱，高低，音色，和音の響き

次はチャイムでカノンに挑戦してみましょう。チャイムのカノンは，終わりがきれいな和音に収まるため心地よい空間を味わうことができます。また，チャイムというなじみ深いメロディーを使うため他のパートにつられにくいのも特徴です。

♪　キーンコーンカーンコーン　キーンコーンカーンコーン
（ラーファーソードーーーー　ドーソーラーファーーーー）

T　みんなーこのチャイムをみんなで追いかけよう。

ここでは，チャイム着席ができた子どもたちで楽しみましょう。

♪　キーンコーンカーン

C　ラーファーソードー

T　次は先生がチャイム役をやるから，みんなは先生を追いかけてきてね。

T　ラーファーソードーーー　　ドーソーラーファーーー

C　ラーファーソー　　ドーソーラーファーーー

T　今のは２つに分かれたから，２声だね。次は，２つのグループに分けてみんなだけで２声でやってみよう。

この流れで３声，４声と増やしてみてください。子どもたちは，「まだいける」「まだいける」とどんどん好奇心をもって取り組んでくれます。

さらに移動ドにも少しふれてみましょう。

T　ちなみにもし，同じ音の高さのままで最初の音を「ミ」と呼んだ場合，次の音は何だろう？（この読み方を移動ド読みと言います）

ここでは，読み方を変えても音の幅が同じであれば曲が成り立つことを体感してもらいましょう（ミードーレーソーーー　ソーレーミードーーー）。

50

ゲームで発声

教材名	ひとまね（わらべうた）
準備物	ピアノ，オルガンなど
めあて	いろいろな高さで歌って発声につなげる
共通事項	旋律，強弱，高低，音色，響き

この教材も，音符の読み方やリズムなどのアプローチをすることで器楽の学習につなげることもできます。

❶ 「ひとまね」を歌えるようにする

♪　ひとまねこまね　さかやのきつね
（ソソソラ　ソファレー　ソソソラソソソー）
かすくっちゃ　ほえーろ　ほえろー
（ソソソファ　ソソーファ　ソソレー𝄽𝄽）

❷ いろいろな高さで歌ってみる

T　みんなもう歌えるようになったね。この高さスタートでもいける？

ラ♯→シ→ド→ド♯→レと半音階ずつ上げてみましょう。

T　この歌でゲームしよう。誰か一人が前に来てみんなの方を見ないで立ってね。歌が始まったら先生が歌に合わせてみんなの席を回って最後の「スンスン（𝄽𝄽）」で誰かの背中をたたくから，たたかれた人は「こんこん」って言ってください。全員で「誰の声？」って聞いて，前に出ていた人はその声の持ち主を当ててね。

T　当たったら，拍手で声を出した人が次は前に行く。当てた人は次に，先生役で歌に合わせてみんなを回って「スンスン」で背中をたたく。もし，外れたら「あら残念」とみんなで言って。ゲームを再スタートするよ。前に出たい人？？

C　はーーーい。

前に出ても一人で歌うわけではないので結構希望者が多いと思います。ゲーム中，音の高さも変えて楽しみましょう。高い音にすれば自然と楽しみながら発声の練習にもなり，声のウォーミングアップにもつながっていきます。

器楽　51　低学年

鍵盤ハーモニカの音の特徴を知ろう

教材名	なし
準備物	鍵盤ハーモニカ
めあて	楽器の特徴を知る
共通事項	旋律，強弱，高低，音色

鍵盤ハーモニカは，息を吹かないと音が出ない楽器です。その特徴で少し遊んで，息が音に変わる感覚を味わいましょう。歌唱にもつなげやすいです。

❶ 楽器を出す

１年生にとっては，楽器を出すだけでも大仕事です。子どもたちがどんな出し方をしているかよく観察しましょう。ここでは，ホースなどは使わず，純粋にフタを開けることに焦点を当てます。

❷ 鍵盤を弾いてみる

T　じゃあ，先生の「せーの」の合図で好きな鍵盤弾いてね。

T　せーの…みんな音全然聞こえないよ！

C　先生，これじゃあ音鳴らないよー。

T　なんで？

C　ホースついていないもん。

ホースをつけて息を吹くことで鍵盤ハーモニカは鳴ることを確認したら，次は手のひらをパーにして上に向け，その体勢を保っている間は音を鳴らし続けるゲームをしましょう。グーにしたら音を消すこともルールに足しましょう（音を鳴らす鍵盤は真ん中，こっち側（高・低）などを指示しましょう）。

T　（パーにする）

C　プー

T　（グーにする）

C　（音を消す）

少しじらしたりしてゲームを盛り上げてみてください。できている子にはしっかり声かけもしましょう。きっとすぐに全員はできないので，できている子にスポットを当ててみてください。

器楽　52　低学年

指全部を使って演奏しよう

教材名	なし
準備物	鍵盤ハーモニカ
めあて	音階を味わう
共通事項	旋律，強弱，高低，音色

鍵盤ハーモニカで音の出し方を知ったら，次は指で音を出す作業から，すべての指で音と音（音楽）の活動につなげましょう。

私は，遊びの中で指全部を使う活動からはじめます。低学年は，はじめて鍵盤にふれる子も中にはいます。だから，鍵盤に慣れている子も楽しめて，慣れていない子にも負荷にならない遊びからはじめるのはとても有効です。

❶　声の「フー切り」で遊ぶ

「『フー切り』で発声しちゃおう」（p.49）をご参照ください。

❷　鍵盤ハーモニカで「フー切り」をする

「鍵盤ハーモニカの音の特徴を知ろう」（p.74）をご参照ください。

T　じゃあ，次は鍵盤ハーモニカでフー切りだよ。

このとき，鍵盤の右側は高い音，左側は低い音という概念も伝えていきましょう。

❸　「フー切り」アレンジ編

T　次は，先生の手のひらが円を描くようにグーにしたら，親指から小指まで階段を上るように指全部を使って切ってね。

T　はじめは高音の方を使ってやろう。

T　（手のひらを上に向けてパー）

C　（高音で）プーーーー

T　（空中に円を描きながらグーにする）

C　プーーーー♪

繰り返し何度も遊びましょう。基本の音を低い音にしたり，普通の「フー切り」を交えたりと，楽しみながら楽器に慣れていきましょう。

器楽

53

低・中学年

鍵盤ハーモニカで「ド」を探そう

教材名	なし
準備物	鍵盤ハーモニカ
めあて	音の位置を知る
共通事項	旋律，強弱，高低，音色

鍵盤ハーモニカで，高音，低音の概念が入ってきたら「ド」の位置をしっかり押さえましょう。早い段階で理解していれば，木琴や鉄琴を使って合奏するときにとても活動しやすくなります。

❶ ドの音でフー切りをする

T　みんなー。ドの音でフー切りをするよ。パー。

子どもはドの位置がわからないので，いろいろな音がします。

T　何かいろいろ聞こえたなー。みんな同じ音のはずなのにどうしてだろう。

C　ドの場所がわかりませーん。

❷ ドの位置に迫る

T　ドがわかった人は，何を目印にしているか教えてー。

C　黒い鍵盤のこっち側…。

低学年は右・左がまだよくわかってない子もいるので，実際に鍵盤で視覚的に確認しましょう。

C　でも，黒い鍵盤いっぱいあるからよくわからないよ。

C　２つの黒い方のこっち！

T　なるほど，２つの黒山の入り口ね（私はこの表現で伝えています）。

T　じゃあ，今度こそ全員ドの音でいくよ。パー。（C　ドー）

いろいろな高さがいて大丈夫です。

T　じゃあ，先生の手が頭にきたら一番高いド，気をつけは低いド。

T　頭。（C　高いド）

T　気をつけ。（C　低いド）

交互にテンポを速めましょう。

器楽　54　低・中学年

「ド」から「ソ」を来た道で帰ろう

教材名	なし
準備物	鍵盤ハーモニカ，拍を刻める楽器
めあて	音の位置を知る
共通事項	旋律，強弱，高低，テンポ，音階

鍵盤ハーモニカで教材に入る前に，このあたりまでは楽譜と関係なく遊んでおきたいですね。音をつくり出したり５本の指を使ったり，大人にとっては当然のことでも，子どもたちにとってははじめての経験ばかりです。

❶　「ド」の音を確認する

T　みんな，ドの音覚えているかなー？

T　じゃあ，鍵ハモで一番高いド（子どもに鍵ハモが見えるように）。

C　（高い）ドー

T　一番低いド（気をつけ）。

C　（低い）ドー

多少間違えても大丈夫です。

❷　音階を知る

T　じゃあ，そのドの音から１音ずつ上がって小指まで弾ける？

T　うまくいけばソまでたどり着くよー。やってみよう。

C　（ゆっくりの速さで）ドーレーミーファーソー

T　おーできている。（できている子に）すごい！　スーパー１年生だね。

T　じゃあ，今の上ってきた道を戻れるかなー？　＋ソファミレドだよー。

T　せーの。

C　ドーレーミーファーソーファーミーレードー

活動は単調なので「鍵ハモフー切り」と混ぜてやってみてください。また，最後はどんどんテンポを上げて遊んでもいいかと思います。

T　音の階段を上って，下りられたねー。

T　これを「音階」っていうんだよー。

器楽　　55　　全学年

ドからラって難しい!?

教材名	なし
準備物	鍵盤ハーモニカ，拍を刻める楽器
めあて	音階の弾き方を考える
共通事項	旋律，強弱，高低，テンポ，音階

高学年になってくると，合奏の中に鍵盤ハーモニカが出てきます。そこで出てくる鍵盤ハーモニカを突然難しく感じてしまいます。その気持ちを解消していくような活動をしておきましょう。

❶　ドからソの音階を拍に合わせて演奏する

T　拍に合わせてドーソー階段，せーの！

C　ドーレーミーファーソーファーミーレードー

T　じゃあ，このテンポは？（少しテンポを上げましょう）

C　ドレミファソファミレド

T　ついてくるねーー。すごい！

❷　「ラ」を提案する

T　じゃあ，今度はラまで行って戻って来られる？

C　指が足りない…。

T　だから，考えてみて。ただし，小指から他の指に移動だけなしね。

小指から他の指に進む技法もありますが，高レベルなのでこの時点で「小指→他の指」だけは使わないで考えましょう。

❸　各自で練習。そして，観察する

いろいろ探ってみます。音階がラまでになったときに，いろいろな発想が広がってきます。スムーズにできる子を見つけたらその都度紹介しましょう。

T　○○君，やってみて。（C　ドレミファソラソファミレド）

T　○○君は，ミまで来たら指を変えていたね，賢い！

低学年であれば教師が説明してあげてよいと思います。ソラを「小指→小指」（これは他の指ではないから OK）やドレミを「親指→人差し指→親指」などいろいろな手段を発見しましょう。

器楽　　56　　低・中学年

身ぶりをつけて階名で歌ってみよう

教材名	きらきら星（フランス民謡）
準備物	鍵盤ハーモニカ，拍を刻める楽器
めあて	音の高低を知る
共通事項	旋律，強弱，高低，テンポ，音符

　教科書でも取り扱われている教材です。よく知られている観点から常時活動でも活用してみましょう。

❶ 「きらきら星」を聴く

　ピアノが弾ける先生は，旋律だけでもよいので聴かせてみましょう。

　弾けない先生は，CD を聴かせて歌うのでも大丈夫です。

❷ 階名で歌う

T　今のメロディーを音符で歌える？

T　はじめの音はドの音なんだけど次，は何だろう？

C　ドードー…ソ !?

T　ソ，正解。

C　ソー…ラー。

T　正解。

　これもいろいろな答えが出てきますが，合っている子を探して上記のようにどんどん進めていきましょう。意外と正解しないと思います。

❸ 身ぶりをつける

　私は，次のように身ぶり（手の位置）を決めています。

　ド→気をつけ　レ→腰　ミ→お腹　ファ→胸

　ソ→肩　ラ→耳　シ→頭　$\overline{\text{ド}}$→両手を挙げてパー

T　手の位置がなんで上がっていっているかわかる？

C　音が高くなっていっているからー。

　ポイントは，手の高さから音の高低につなげることです。視覚的に音には高低があることを理解して，鍵ハモなどに取り組むのは大切な作業です。

器楽

57

低・中学年

鍵盤で演奏してみよう

教材名 きらきら星（フランス民謡）
準備物 鍵盤ハーモニカ，拍を刻める楽器
めあて 鍵盤ハーモニカに慣れる
共通事項 旋律，強弱，高低，テンポ，音階

いよいよ実際の教材で鍵盤ハーモニカを演奏してみましょう。ここまでの常時活動を通して鍵盤ハーモニカと仲良くなってきた子は増えてきています。

また，階名で歌えている子どもたちは想像以上に器楽でも演奏できるようになります。常時活動を通して器楽の成功体験も味わわせたいですね。

❶ 階名歌い

❷ 階名身ぶり歌い（テンポなどを変えて楽しく）

❸ 友達と向き合って階名身ぶり歌い。ファのときの胸は友達の手とパチン

一か所友達とふれあうことで緊張感も生まれ，小さなコミュニケーションにもつながります。ところどころ，手合わせに変えると楽しく活動できます。

❹ 鍵盤ハーモニカで演奏する

T　今歌っていた曲を鍵ハモで歌おう。準備できた人からどんどん吹こう。

C　ドードーソーソーラーラーソー（𝄽）…

とりあえず全体を通して何度か練習しましょう。

T　みんな，この曲にもラがあるよー。みんなの工夫教えて。

C　ソとラは同じ指を使ったよ。

C　薬指ソから小指ラにした。

など様々な声が上がると思います。この一見普通に感じる会話の中に器楽においての重要な思考・判断・表現が入っているように感じます。

T　よし，いろいろな人の意見を参考にもう一度。

C　ドードーソーソー…

弾ける子を少しずつ増やしていきましょう。

指使いは鍵盤教材での思考につながるチャンスと捉えています。ぜひ一人ひとりに合った指使いを子どもたち自身で発見してもらいましょう。

リズムを読んでみよう

教材名	かえるの歌（ドイツ民謡）
準備物	拍を刻める楽器
めあて	音の高低を知る
共通事項	旋律，強弱，高低，テンポ，音符，休符

器楽を進めていくうえで積み重ねていきたいものの一つが「読譜」です。しかし，少ない時間数でマスターするのは大変です。だから私は，なかなか書くことができないリズムを読む活動を多く取り入れています。

音の高さ（階名）は，最後の手段として書くこともできます。だからこそ，リズムだけでも読めるようになると素敵ですね。

❶ リズムの「あだ名」を教える（私は読み方をあだ名と呼んでいます）

一通り書きましたが私は，簡単なものから3つずつくらい出ている教材を選びます。「かえるの歌」は3つのリズムパターンで最適です。

♪＝ティ　♩＝ター　♩.＝ターム

𝅗𝅥＝ターアー　𝅗𝅥.＝ターアームー

𝄾＝シュ　𝄽＝スン

𝅘𝅥𝅯𝅘𝅥𝅯𝅘𝅥𝅯𝅘𝅥𝅯＝カクカク　♪.𝅘𝅥𝅯＝ティムカ

（付点は「ム」に統一）

♪♩♪＝シンコーペ

❷ リズムを読んでみる

♩♩♩♩　♩♩♩𝄽　♩♩♩♩　♩♩♩𝄽　♩𝄽♩𝄽　♩𝄽♩𝄽　♫♫♫♫　♩♩♩𝄽

読み方は「ターターターター　タータータースン　ターターターター　タータータースン　タースンタースン　タースンタースン　ティティティティティティティティ　ティティティティ　タータータースン」です。

❸ テンポを上げてやってみる

テンポを上げることで，子どもたちはゲーム感覚で読みはじめてくれます。

器楽　　59　　全学年

リズムで役割を決めて遊ぼう

教材名	かえるの歌（ドイツ民謡）
準備物	拍を刻める楽器
めあて	楽譜にふれる
共通事項	旋律，強弱，高低，テンポ，リズム，音符，休符

子どもたちにとってなじみ深い教材を使ってリズム読みの教材にすると，子どもたちは大きな負荷を感じずに活動に取り組めます。「かえるの歌」に限らず，使いやすい教材はどんどん使ってみましょう。

❶ 「かえるの歌」をリズム読みする

「リズムを読んでみよう」（p.81）で行ったリズム読みをやってみましょう。授業で繰り返し行うことは，力の積み重ねにつながっていきます。

❷ リズムの種類を理解する

T　この曲は何種類の音符でできている？

C　３種類。

T　何と何と何？

C　ター（♩）ティティ（♫）スン（𝄽）

T　じゃあ，自分が言う音符を一つ選んで，その音符のときは立って言ってね。

❸ リズム起立をする

T　せーの。

C　（ター組起立）ターターターターターターター

C　（スン組起立）スン…

この要領で最後まで続けます。そして，自分が担当する音符をいろいろ変えさせてみましょう。こだわる子は，ずっと担当を変えないかもしれません。音符をしっかり読んでこだわりをもってくれることが嬉しいですね。

私は，特に頑張って立って言おうとしている子を探して「リズム大臣」と命名します。どんどんリズム大臣が増えますよ！

長調・短調①

教材名	なし
準備物	拍を刻める楽器，鍵盤ハーモニカ
めあて	楽器で調にふれる
共通事項	旋律，強弱，高低，テンポ，リズム，調（長調，短調）

鍵盤は，リコーダーと違って１音１音の音を出すリスクが低いです。なぜなら，リコーダーのように指をしっかり押さえているつもりが鳴らなかったり，息の加減でその音が出ないなどの心配がないからです。

だからこそ視覚的にもわかりやすい鍵盤を通して学べるようにしていけたらと思います。

❶　ハンドサイン（p.53参照）を使ってハーモニーワールド

ここではド・レ・ミの３音で遊びます。

T　（ドのハンドサインを出して続けてレ・ミと出す）

C　ドーレーミー

T　じゃあ，２つのグループに分けるよ。真ん中から先生の右手側は右手のハンドサイン，左手側は左手のハンドサインの音を歌ってね。

ここで最終的に「ド」と「ミ」のハモリで終えましょう。

❷　音の距離単位「度」を数える

T　長さの単位はメートルとか使うけど音と音の距離の単位は知っている？

知らなかったら数え方とともに教えましょう。

T　音と音は「度」っていう単位だよ。数え方はそのまま音符分の数だよ。

T　ド・レ・ミだと３度（指折りしながら伝えましょう）。

T　ド・レだと？（C　２度）

T　ドからソは？（C　５度）

❸　ミまでの不思議を感じる

教師が鍵盤ハーモニカを子どもに見えるようにします。

T　みんなー，ドからミの３度だけど３度がもう一つ存在するよ！

ドからミの半音下の黒鍵を示します。

器楽　61　高学年

長調・短調②

教材名	なし
準備物	拍を刻める楽器，鍵盤ハーモニカ
めあて	楽器で調にふれる
共通事項	旋律，強弱，高低，テンポ，リズム，調（長調，短調）

「長調・短調①」（p.83）を行った後，②につなげてみましょう。

❶　長調・短調で起立ゲーム

T　どうやらミまでの距離が違うね。じゃあミまでの距離が長い方の和音が聴こえたら起立。ミまでの距離が短い方の和音が聴こえたら着席ね。

２つの和音を１回聴かせましょう。

T　ド・ミ（C　起立）

T　ド・ミ♭（C　着席）

ここは，テンポよく遊びましょう。

❷　呼び方を確認する

T　みんな，しっかり違いを聞き分けているね。言い方は簡単。

T　長い３度は，長３度≒長調・短い３度は，短３度≒短調。

長調・短調も一緒に伝えましょう（６度も同じ関係になります）。

T　たったこれだけで，曲の雰囲気を変えられるんだね。

❸　長調・短調を演奏してみる

T　みんな，鍵盤ハーモニカでドからソまでで長調・短調どっちも弾いてみよう（私は準備できた子どもからどんどん弾かせます）。

練習タイムをとり，子どもが理解しているか様子を見回ってみましょう。

T　先生の手がパーになったら長調でドからソまで進んで戻る。

T　グーだったら短調でドからソまで進んで戻るよ。

T　拍はこれくらい（ゆっくりからはじめましょう）。

T　パー。（C　ドーレーミーファーソーファーミーレードー）

慣れてきたらソまで進んで（長調），戻りのタイミングでグーに（短調）しても面白いです。

器楽　62　中・高学年

リコーダーに慣れていこう

教材名	ハローハロー（中明子訳詞・アメリカ民謡）
準備物	拍を刻める楽器，リコーダー
めあて	リコーダーを吹いてみる
共通事項	旋律，強弱，高低，テンポ，リズム

リコーダーがはじまると，注意点や，気をつけることにあふれているように感じます。確かに，気をつけることがあるのは正しい理屈なのですが，子どもたちは注意事項を聴く以上に「ふれたい」「吹きたい」気持ちに満ちあふれています。

だからこそ，さっそく音楽表現をするうえで必要な音を伝えて実践するのも，効果的な方法だと感じます。

❶ 「ハローハロー」の最初と最後の部分を階名で歌う

「歌声で音色を知ろう」（p.54）をご参照ください。

T　ドーソーミードー　やあこんにちは…ドーミーソードー

「やあこんにちは」では肩たたきなどで遊びながら歌ってください。

❷ 最初のドだけリコーダー

T　みんなドの指使いわかる？

C　わかるー（リコーダー運指０・２）。

T　じゃあ，「ハローハロー」の最初の高いドと最後の高いドだけリコーダーで吹いてみよう。せーのっ。

C　（リコーダー）ドー（声）ソーミードー　やあこんにちは…

C　すごい，これくらいみんな簡単かー。

T　じゃあ，ソも加えちゃおうかなー。その音も指使い確認してみてー。

C　（リコーダー）ドーソー（声）ミードー…

T　できたねー!!

この流れで，音を増やしてみましょう。歌唱の中に器楽を常時的に入れていくと，器楽に手軽にふれることができます。器楽の小さな積み重ねとして有効に活用していきましょう。

器楽　63　中・高学年

いろいろな楽器で演奏しよう①

教材名	なべなべ（わらべうた）
準備物	拍を刻める楽器，鍵盤ハーモニカ，リコーダー，木琴など
めあて	いろいろな楽器にふれる
共通事項	旋律，強弱，高低，テンポ，リズム，音符，休符

器楽の活動でなさそうであるのが，鍵盤ハーモニカとリコーダー以外の楽器にはふれていない子どもがいることです。だから，常時活動の中で短い教材を活用していろいろな楽器にふれるのはとても価値があるように思います。

❶「なべなべ」を歌う

ここではなべなベダンスをしながら楽しく歌いましょう。なべなベダンスは「友達と踊りながら指揮者を感じよう」（p.60）をご参照ください。

❷ 階名唱をする

T　じゃあ，次は音符で歌ってみてね。スンもしっかり言ってね。
T　ラの音スタート。せーの。
C　ラーソーラーソーラーラララー（スン）
　　ラーラララララシシララララソラー（スン）
T　次はレ・スタートでも歌えるかな。せーの。
C　レードーレードーレーレレレー（スン）
　　レーレレレレレミミレレレレドレー（スン）
T　みんな，ラのバージョンは黒板に書いていたけど，レのバージョンでも歌えたの？
C　だって同じ隣の音だもん。
T　なるほどー。じゃあ，リコーダーでもやってみよう。ラでもレでもどっちスタートでもいいよ（ここでハモリも感じます）。
T　じゃあ次は，木琴も増やそう！　右手にバチを持っているつもりで一回空中で練習ね。せーの。（歌いながらバチを動かす）ラーソーラーソ…

楽器は音楽室にあるだけ出してもよいと思います。

器楽　64　高学年

いろいろな楽器で演奏しよう②

教材名　なべなべ（わらべうた）
準備物　拍を刻める楽器，鍵盤ハーモニカ，リコーダー，木琴，鉄琴など
めあて　いろいろな楽器にふれる
共通事項　旋律，強弱，高低，テンポ，リズム，音符

一つ前の活動では木琴を加えました。ここでは，さらに鉄琴，さらには拍を刻むだけでもよいので打楽器なども足して小さな合奏を味わいましょう。

○　楽器を増やす

T　じゃあ，さらに鉄琴と打楽器を増やそう。打楽器は，拍を刻むだけでもオッケーだよ。やりたい人？

普段から物事に向かう気持ちを大切に活動していれば，手が挙がりやすくなります。ここで大きめのマリンバがあれば一台に２人くらいで使いましょう。さらに鉄琴２台，打楽器，他にも使える楽器があればぜひ使ってみてください。

T　木琴４人（２台），ビブラフォーン２人（２台），鉄琴２人の合計８人だね。スタートは，ラかレの音ね。

階名唱の活動は，「いろいろな楽器で演奏しよう①」（p.86）をご参照ください。このとき教師は，ピアノなどでベース音，この場合「レ」と「ラ」を交互に演奏すれば伴奏になります。バス木琴や鍵ハモなどで子どもにお願いしてもよいと思います。

T　レーラーレーラーせーのーさんはい…（伴奏パート）
（鉄琴）レードーレードーレーレレレー…
（木琴）ラーソーラーソーラーラララー…

T　レーラーレーラー…

教師がベースを弾いている間に，楽器を弾く人をチェンジさせましょう。私は，演奏した子どもが次の楽器の担当を探しに行くようにしています。

T　次のメンバーもそろったねー。いくよー。せーのーさんはい。

音価を変えて遊んじゃおう①

教材名	なべなべ（わらべうた）
準備物	黒板にリズム譜を記入
めあて	楽譜に慣れる
共通事項	旋律，強弱，高低，テンポ，リズム，音符，休符

音価の読み方は「リズムを読んでみよう」（p.81）の実践でお伝えした通りです。「なべなべ」のような単純でわかりやすい教材を通して，音価の読み方により慣れていきたいと思います。

聴いてわかり，読んでわかるようになると，子どもたちの音楽能力はとても向上していきます。

❶ 「なべなべ」をリズム読みする

T　なべなべを，声ではなく手拍子で歌ってみよう。せーの。

C　パンパンパンパンパンパパパン（スン）
　パンパパパパパパパパパパパン（スン）

T　じゃあ，次はリズム読みだよ。せーの。

C　ターターターターターティティタースン
　ターティティティティティティティティティティティティタースン

❷ 音価を読み替えてリズム読みをする

T　次はター（♩）のときはティティ（♫）って読んで，ティティのときはターって読んでみて。スン（𝄽）はそのままでいいよー。せーの。

C　ティティティティティティティティティティティティターティティスン
　ティティターターターターターティティスン

次はスンをターなど，いろいろ変えてやってみてください。

T　どうして読み替えても，しっかり同じ長さで終われたんだろう？

C　同じ長さの中で読み替えているだけだからー。

T　なるほど，ターは１拍に１つの音だけど，ティティは１拍に２つ入っているから一つひとつを短く読んでいるもんねー。

器楽　66　高学年

音価を変えて遊んじゃおう②

教材名　なべなべ（わらべうた）
準備物　黒板にリズム譜を記入，リコーダー
めあて　楽譜に慣れる
共通事項　旋律，強弱，高低，テンポ，リズム，調（長調，短調）

一つ前の活動では，「なべなべ」に使われているリズム内での読み替えでしたが，次はどんどん新しいリズムを増やしてやってみましょう。

❶「なべなべ」をリズム読みする

T　リズム読みはもう余裕だね。少し速くいくよ。せーの。

C　ターターターターターティティタースン
　ターティティティティティティティティティティティタースン

❷ 音価を変えてリズム読みをする

T　「なべなべ」は，いくつの音符の種類でできているかな？

私は黒板にリズム譜を記載しておきます。

C　３種類。

T　正解。じゃあ，そのリズム増やしてもいいかなー？

C　いいよー。

いいよと言ってくれる雰囲気づくりはいつも大切にしたいです。

T　じゃあ，どこを変えようかなー？

T　カクカクとターアーとシンコーペを増やそうかな。

例：ター（ラー）カクカク（ソソソソ）ター（ラー）カクカク（ソソソソ）ター（ラー）ティティ（ララ）ター（ラー）スン　ターアー（ラーー）ティティ（ララ）ティティ（シシ）シンコーペ（ララーソ）ター（ラー）　※p.81「リズムを読んでみよう」参照

T　じゃあ読んでみよう。せーの。

読んだ後で，この変えたリズムでリコーダー演奏をしてみましょう。リズムを変えたことで難しくなりますが，子どもたちはリズムをしっかり読みながら演奏してくれます。

器楽　67　中・高学年

強弱記号で味つけしよう

教材名	なべなべ（わらべうた）
準備物	リコーダー，リズム譜とカタカナ音符
めあて	音楽記号にもふれる
共通事項	旋律，強弱，高低，テンポ，リズム，記号

いろいろな要素で「なべなべ」を扱うことによって，この曲を歌うことや楽器で演奏することが，子どもたちの中で簡単になってきます。ここでは，強弱記号や臨時記号を使って音楽の変化を感じていきましょう。

❶ 「なべなべ」をリコーダーで吹いてみる

T　ラ・スタートでやってみよう。せーの。

C　ラーソーラーソーラーラララー（𝄽）…

ある5年生の男の子がこの教材で歌詞で歌い，ペアで踊り，階名唱をして，リズムで読んでリコーダーを吹いたときに，「僕ってリコーダー苦手だと思っていた」とふと口ずさみました。楽譜から入ることが多い器楽では楽器が苦手と思ってしまう子は少なくないようです。常時活動において，苦手意識をなくしていくのも大切な作業のように感じます。

❷ 黒板簡単楽譜にいろいろ記号を増やす

黒板に，リズム楽譜とその下にカタカナで音符を書いておきます。

T　じゃあ，いろいろ味つけしちゃおうかなー。

はじめの2小節にフォルテ（f）後半2小節にピアノ（p）からスタート。

C　（強く）ラーソーラーソーラーラララースン
　（弱く）ラーララララシシラララソラースン

T　よしまだまだできそうだなー。次は1小節単位で変えてみよう。

ピアノ（p）→メゾピアノ（mp）→メゾフォルテ（mf）→フォルテ（f）

T　できたねー。これって音がだんだんどうなった？

C　大きくなったー。

T　そうそう，しっかり味わえたねー！　音楽ではクレッシェンドとも言うんだよ。

68　重ねてritでゆーっくり終止しよう

教材名　なべなべ（わらべうた）
準備物　リコーダー
めあて　記号と音楽の関わりを味わう
共通事項　旋律，強弱，高低，テンポ，リズム，記号

「なべなべ」の最後は，音をいくつか重ねて「rit」という音楽記号を使って音楽を味わいましょう。ritとは，よく楽譜に出てきますが，意味は「だんだんゆっくり」という意味です（子どもにも教えましょう）。

○　リコーダーでいろいろな音スタート。そしてrit

T　じゃあラ・スタートはもう余裕だからソ・スタートでやってみよう。

バロック式を使っている学校は「ファ」で苦戦します。「ファ」に慣れる観点でもソ・スタートは効果的です。

C　ソーファーソーファーソーソソソースン…

T　じゃあ，次はシ・スタートでやってみよう。

C　シーラーシーラーシーシシシースン　シーシシシシドド？

T　なにか気づいた？

C　ドがちょっと変（ここで「短調っぽい」など出たらすごいですね）。

T　確かにー。じゃあ，しっくりくる音探してみてー。

ここはドの♯（1・2）が必要になります。ドの♯は合奏の曲によっては意外に出てくる音です。このような活動で慣れていきましょう。

T　ドの♯っていう音だよ。ピアノでいうと黒いところを弾いている感じ。

T　最後は高いレ・スタート。

C　レードーレードーレーレレレースン
　　レーレレレレミミレレレドレースン

ここではレ→ミの運指がよい練習となります。

T　じゃあ，最後の小節（4小節目）にritつけちゃうよー（黒板に記載）。

4小節目はゆっくり終わっていく終止も味わえると最高ですね。

器楽　69　中・高学年

リズムを使って遊んじゃおう

教材名	おてぶしてぶし（わらべうた）
準備物	拍を刻める楽器，黒板
めあて	気分を高めながら楽譜にふれる
共通事項	旋律，強弱，高低，テンポ，リズム，音符

「おてぶしてぶし」は，ソ・ラ・シの３つの音でできており，とてもシンプルです。また，リズムは♫（ティティ）がたくさん使われているのでテンポ感も速い印象を受けます。その要素を活用してリズムになじんでいきましょう。

❶「おてぶしてぶし」を階名唱する（４拍子）

♪　ソラシシラソラー・ソラシシラソラー・ラーソソソソソソ・
　ソラシシラソラー・ソラララララソソ・ソラシシラソラー・ラーソー𝄽𝄽

このとき，黒板などを使ってカタカナの上にリズムも記載しましょう（♫♩𝄽）。

❷ 手拍子で歌う

T　次は，声じゃなくて手拍子で歌ってみよう。いくよー。せーの。

手拍子でやると，♫の音符が多いので躍動感を感じます。基本のテンポをどんどん上げてアクティブな活動にしていきましょう。

❸ リズムの種類を活用して遊ぶ

T　ちなみに，この曲は何種類の音符でできている？

C　３種類。

T　正解。じゃあ，その中で自分が言うリズムを一つ決めてその音符のときは立って言ってね。間違えても大丈夫だからね。せーの。

C　（ティティグループ）ティティティティティティティティ

C　（ターグループ）ター…

このとき，特に目立って頑張って言っていた子には，「リズム大臣」と名づけて楽しみながら活動してみましょう。

70

器楽　　中・高学年

音符を使ってリレーしよう

教材名　おてぶしてぶし（わらべうた）
準備物　拍を刻める楽器，リコーダー
めあて　音楽の流れを感じる
共通事項　旋律，強弱，高低，テンポ，リズム，フレーズ，音符

音符・リズムに慣れてきたら次はリコーダーで演奏してみましょう。音符が多いのでゆっくりからはじめてみてください。

❶「おてぶしてぶし」をリコーダーで演奏する

T　まずはゆっくりからやってみよう。せーの。
C　ソーラーシーシーラーソーラーーソーラーシーシー…
T　おーー！　結構できたんじゃない。少し練習してごらん。

個人練習は，ある程度一人ひとりが理解を深めた後に行うと効果的です。価値のある個人タイムになるように，全体活動のときに下地をつくりましょう。このときに机間巡視も忘れずにやってみてください。

T　よーし。じゃあもっとテンポ上げちゃおう。せーの。
C　ソラシシラソラーソラシシラソラー…
T　できたーー！

❷ 音符リレーをする

T　この曲って音がいっぱいだけど，スンも入れていくつの音でできている？
C　えーーーソ１ラ２シ３シ４ラ５…47個ー。
T　そう！　そんなに音があるんだよー。
T　一人一音リレーやってみるよ。もちろん間違えても大丈夫。先生が声で助けてあげるから。ちょっとドキドキするね。いくよーせーの。
C　ソ・ラ・シ・シ・ラ・ソ・ラー…

47音もあるので，必ず一回は回ってきますが，逆に一回だけ吹けばよいという負荷は低い活動です。

器楽　71　高学年

みんなでチャイムを完成させよう

教材名	なし
準備物	リコーダー
めあて	音楽の流れを感じる
共通事項	旋律，強弱，高低，テンポ，リズム，フレーズ，音符

「チャイムで遊ぼう①」（p.71）でチャイムの音になじめたら，リコーダーで音楽表現を深めていきましょう。

❶　手を五線に見立てて階名で歌う

T　みんな，チャイムの音符覚えたかな？

C　覚えたーー！

T　利き手ではない方の手をパーにしてその手を目の前で横にしてみよう。

手を五線譜に見立てます。

T　まずは歌いながら音符の場所を利き手で押さえよう。

「ラ」のときは中指と薬指の間。「ファ」は薬指と小指の間。「ソ」は薬指。このような活動で五線譜にも少し慣れて器楽活動がスムーズになる知識を身につけさせていきましょう。

❷　リコーダーで演奏する

T　じゃあ，それをリコーダーで吹くよ。せーの。

C　ラーファーソードーーー　ドーソーラーファーーー

意外に低いドも入っているので難しいかと思います。

T　次は先生と１音交代でやるよ。まずは先生スタート。

T「ラー」C「ファー」T「ソー」C「ドーーー」…

T　次はみんなスタートね。

C「ラー」T「ファー」C「ソー」T「ドーーー」…

T　みんな上手になってきたから，自分が演奏する音を１音選んでその音だけこだわりの音で吹いてね。ちゃんと次の音につなげるつもりで吹くんだよ。もし自分一人になっても吹ききってね。みんなの最高のチャイムを完成させよう。

伴奏つけてプチアンサンブル

教材名	なし
準備物	リコーダー
めあて	音楽の流れを感じる
共通事項	旋律，強弱，高低，テンポ，リズム，フレーズ，音符，拍子

ここでの伴奏は，すべてリコーダーで行います。アンサンブルといってもチャイムの旋律に２音の和音を伸ばし続けるだけの簡単な伴奏です。合奏やアンサンブルといったらどうしても難しいものへいきなりワープしてしまいがちです。だからこそ，簡単な活動で器楽アンサンブルなどにも慣れておいて，少し大きな合奏になったときに子どもたちの中に苦手意識がないようにしておきたいですね。

❶　リコーダーでリレー演奏する

T　みんな，チャイム音かなり吹けるようになったから，一人一音リレーしてみよう。音が不安なときは先生が助けるから安心してね。

C１「ラー」C２「ファー」C３「ソー」C４「ドーーー」

C５「ドー」C６「ソー」C７「ラー」C８「ファーーー」

❷　旋律にリコーダー伴奏をつける

T　次は先生が弾くからみんなには伴奏してもらおう。男子は高いド，女子はファを３拍ずつ伸ばしてくれる？　なんで３拍かわかる？

C　チャイムは３拍子だから。

T　ブラボー！　正解！

T　じゃあ行くよ。せーの。

T　ラーファーソー　ドーーー

C男　ドーーー　ドーーー

C女　ファーーー　ファーーー

T　きれいだねー。じゃあこれら（旋律１人，伴奏２人）を３人でできる人いるかなー。

５度ハモリの伴奏で少人数のアンサンブルまでつなげていきましょう。

73

器楽　　高学年

オクターブにチャレンジしよう

教材名	ひとまね（わらべうた）
準備物	鍵盤ハーモニカ
めあて	両手を使って鍵盤にふれる
共通事項	旋律，高低，テンポ，リズム，フレーズ，音符，拍子

ここでは，「ゲームで発声」（p.73）で使った「ひとまね」を教材に活動していきましょう。伴奏はすべてリコーダーで行います。

わらべうたは，少ない音で構成されていて近い音に進んでいくのが特徴です。この教材は，その特徴の中で少し跳躍する（隣よりも飛ぶ）部分がある旋律です。だからこそ，鍵盤ハーモニカで演奏することで技能面の向上にもつなげていきましょう。また，左手にも挑戦してみましょう。

❶　階名唱で歌う

T　「ひとまね」を音符で歌うよー。「レ」スタート。

C　レレレミレドラー　レレレミレレレー　レレレドレレード　レレラー

「ド」「ラ」は少し音が離れるため，器楽のよい練習につながります。

❷　鍵盤ハーモニカで演奏する

T　じゃあ，それを右手で鍵盤ハーモニカでやってみよう。

子どもたちは歌えることで，思った以上にスムーズに演奏できます。音楽表現を歌から器楽に変えたというイメージで取り組んでみましょう。また，練習のときは一人ひとりの子どもの様子を確認しながら見回りましょう。

T　ゆっくりでいいから，一回やってみよう。

C　レレレミレドラー　レレレミレレレー　レレレドレレード　レレラー

T　みんな結構簡単にいけるね。次は，左手で低い音の方でやってみよう。同じ音で低い音を１オク〇〇〇低いって音楽で言うけど知っている？

C　オクターブ！

T　正解 !!

最後は，両手で１オクターブで挑戦してみましょう。両手で弾けたという自信が少しずつ子どもの中に生まれてきます。

休符を使って遊んでみよう

教材名	おてぶしてぶし（わらべうた）
準備物	リコーダー
めあて	休符を使って活動し「間」の感覚を身につける
共通事項	旋律，強弱，テンポ，リズム，音符，拍子

休符の理解を深める活動は，器楽演奏で一体感を味わううえでとても大切な要素です。「おてぶしてぶし」（p.92参照）は，最後休符で終わる教材のため休符に着目しやすいです。ここでは，動作をつけて休符への概念をもち，器楽での演奏に取り組んでみましょう。

❶　身体表現とともに歌う

T　みんな，「おてぶしてぶし」を手遊びしながら歌ってみよう。

拍手→友達と手合わせ→拍手→膝たたき（これらを繰り返す）。

T　次は，最後の２回だけ足踏みにしよう。

T　できるかなー？？　せーの。

この後テンポを変えたり，少し難しくするために手遊びをペアごとに考えさせたりしても楽しく活動できます。

❷　休符を使って遊んでみる

T　最後のスンの部分は全員でそれぞれスン２つ分ポーズを考えてみてね。

ペア活動で焦点を絞って活動するのはとても大切です。「休符」という音楽記号を使って体を動かすことで，休符も音楽が流れていることを子どもたちは体感してくれます。

T　やってみよう！　せーの。

C　おてぶし…スンスン（ポーズつき）

T　最後のスンをしっかり感じてリコーダーで演奏しよう。

ポーズの面白い子がいたらみんなで見合ってもよいでしょう。

器楽　75　中・高学年

黒鍵だけで演奏できるかな？

教材名	なべなべ（わらべうた）
準備物	鍵盤ハーモニカ
めあて	黒鍵だけの音楽を味わう
共通事項	旋律，強弱，テンポ，リズム，音符

普段の活動では，黒鍵を使う機会はあまり多くはありません。しかし，好奇心が旺盛な子どもたちの中には黒い鍵盤を使いたい気持ちがいっぱいです。そこで黒鍵にも常時活動でふれてみましょう。

合奏のような曲で黒鍵が出てくるときは難しい場合が多いので，簡単な教材で遊んでおくと子どもたちの中に難しいというイメージがなくなります。

❶　鍵盤ハーモニカで演奏する

T　みんな，「なべなべ」を鍵盤で演奏してみよう。

C　ラーソーラーソーラーラララースン　ラーラララララシシラララソラー

T　じゃあ次は「ソ」スタートね。

C　ソーファーソーファーソーソソソー…

T　おーー！　ソーでも行けるねー!!

❷　黒鍵だけで演奏する

T　次は黒鍵盤だけで「なべなべ」が演奏できるから探してみてね。

ここで子どもたちにいろいろ試す時間をあげましょう。子どもたちは感覚の中で「なべなべ」になる音を探すと思います。黒鍵には３つの並びと２つの並びがあります。この特徴にも活動の中で気づいていけるといいですね。

T　できた人ー？　　C　はーーい！

T　できた人でやってみよう。せーの。

C　♯ソー♯ファー♯ソー♯ファー…

T　できた人は，どこの黒鍵からはじめた？？

C　３つの黒の真ん中ー。

この後，「２つの黒鍵盤ではじめたらうまくいかない？」などと発問すれば，「音の幅が遠い」など視覚からもわかる特徴を答えてくれると思います。

音楽づくり・鑑賞　76　全学年

拍にのって遊ぼう

教材名	ちょっとぱーさん（わらべうた）
準備物	拍を刻める楽器
めあて	拍にのって身体活動をする
共通事項	旋律，強弱，速度，リズム，拍

音楽で感じているけど意識しないと出てこないことばが「拍」のように思います。「拍」にのることができて，リズムを感じて，旋律を感じ，拍なしの世界も知る。音楽づくりでは意識的に拍を使って創作し，鑑賞では拍を感じることができる下準備を遊びの中で体験していきましょう。

❶「ちょっとぱーさん」の遊び歌を知る

♪　ちょーっと　ぱーさんぐーすけちょうだい　かーみにくるんで
　　♩　♩　♩　♩　♩　♩　♩　♩　♩　♩　♩　♩
　　ちょうだいちょうだい　ぐるりとまわって　じゃんけんぽん
　　♩　♩　♩　♩　♩　♩　♩　♩　♩　♩　♩　𝄽

上記のリズムに合わせて，ことばを言えるようにしてみてください。

❷ じゃんけんゲームで遊ぶ

以下の仕草をやりながら遊び歌を口ずさむ→慣れてきたら足じゃんけん。

・ちょっと，ちょうだい　→じゃんけんのチョキ
・ぱーさん，かみ　→じゃんけんのパー
・ぐーすけ，くるんで　→じゃんけんのグー
・ぐるりとまわって　→目の前で両手をぐるぐる回転させる
・じゃんけんぽん

それぞれを歌詞内で当てはめてみてください。また，最後のじゃんけんは子どもが大きく盛り上がる要素の一つです。

T　みんなは，音楽の何にのって歌っている？
C　リズム？
T　リズムよりもっと単純だよ。ちなみに人間もそれにのっているよ。脈○。
C　はく！

音楽づくり・鑑賞　　77　　全学年

手あわせポン①

教材名	なし
準備物	なし
めあて	音楽のタイミングがそろう瞬間を体験する
共通事項	テンポ，リズム，速度

音楽を創作するときや，聴き取るときに感じてほしいのが，他者とそろった瞬間の味わい，そして「間」です。その感覚を授業の瞬間，瞬間で味わってほしいと感じます。

❶ 教師の手拍子に合わせて，子どもも手拍子する

このときは，教師の「せーの」の合図で手拍子を打ちはじめると，速さを意識すると思います。

T　パンパンパンパン…（C　パンパンパンパン…）

いろいろ速さを変えてみてください。

T　みんなしっかり見ているし，しっかり聴いているねー。何が変わった？
C　速さ。

❷ 手あわせポンをする

これは，教師は合図を出さずに手拍子を１回たたき，子どももそのタイミングをしっかり感じて，同じタイミングで手拍子を１回たたきます。

私は，「呼吸」をこっそりしてたたきます。すなわち「呼吸」を感じた子がしっかりそろえることができます。

T　じゃあ，先生は「せーの」って合図出さずに手拍子を１回たたくよ。
T　みんな，同じタイミングでたたけるかなー？　いくよー。
T　パン（C　パ・パ・パン）←ずれる
T　意外と難しいよね。（スー）パン（C　パン）

何度かやりましょう。

T　そろった。どうしてわかった？
C　先生の息ー。

手あわせポン②

教材名	なし
準備物	なし
めあて	音楽のタイミングがそろう瞬間を体験する
共通事項	テンポ，リズム，速度，音色

次はタイミングの中で手拍子の音の色，すなわち音色も変えていきましょう。ここでは強弱より音色に着目していきたいです。

また，タイミングを思わず間違えてしまった子どもには，「一生懸命活動に取り組んだ証だね」と活動に向かった気持ちを，成長への大きな一歩だと認めてあげましょう。

❶ 手あわせポンをする

T　先生のタイミングに合わせて手拍子たたいてね。
「せーの」は言わないよ。パン（C　パン）

何度も続け突然止めましょう。

C　（タイミングがずれる）あーーーーーーー！

T　今の，あーーーってことば，一生懸命の証だよ。だから成功して嬉しかったり，間違えて悔しかったりどんどんリアクションして大丈夫だよ。

T　よし。もう一度。

❷ アレンジ手あわせポンをする

T　パン（C　パン）

このゲームの要領で手の甲でたたく，手を握り合うようにたたく，５本指を全開に広げてたたく，などたたき方をいろいろ変えてみましょう。

T　みんな，何か気づいたことある？

C　音が違う。

T　おーーー気づいたね。音の何が違うんだろう？

C　んーーー。色??

T　音の色。〇色。

C　音色（ねいろ）だー！

音楽づくり・鑑賞　　79　　全学年

手拍子回し

教材名	なし
準備物	なし
めあて	子どものもつ音に耳を傾け，音楽の循環を感じる
共通事項	テンポ，リズム，速度，音色，音楽の流れ

この活動は子どもに大きな負荷がかかりにくい中にも少し緊張感もあり，集中力もアップします。手拍子を回す単純な活動の中から，子どもたちの音に対するいろいろな表情や音を通して心情が見えてきます。その様子もしっかり探っていきましょう。

❶　手拍子回しをする

T　一人，1音手をたたいて音を回していこう。

このとき円になっているとやりやすいですが，列で並んでいるクラスは，折り返しの部分になる子どもが迷わないように，流れをしっかり伝えて活動するとよいと思います。

C　パチ，パチン，バン，トン，ポン…

T　音が一周したよー。いろいろな音があったねー。

❷　手拍子回しアレンジをする

ここでは特徴的だった子を取り上げて次のきっかけにします。

T　〇〇さん。ちょっとたたいてみてー。

C　トンっ

T　〇〇さんの音どう？

C　小さい（ほか，「そーっとたたいている」など）。

T　音にしっかり特徴があるねー。

T　よし次は小さく（P）で回してみよう。

常時活動の中では，２～３種類くらい回すと十分と思います。単純な手拍子回しの中にも，たくさんの音楽的な要素が隠れています。教師が子どもの音を認めていくと，子どもたちは自分の音にこだわりはじめます。

80

音楽づくり・鑑賞　　全学年

コール&レスポンス（応答&反復）

教材名	なし
準備物	なし
めあて	リズムを聴き取り，創作へのきっかけにする
共通事項	テンポ，リズム，速度，音色，呼びかけとこたえ，反復

教師のリズムを子どもが聴き取ってまねをするという，とてもシンプルな活動です。模倣は発想の始まりというように，創作への手がかりの一つとなるように活動してみましょう。

❶　4拍分のコール&レスポンス

T　先生のリズムまねしてみてね。まずは4拍編。

T　ターティティタースン（手拍子で行います）

リズムの読み方は「リズムを読んでみよう」（p.81）をご参照ください。

C　ターティティタースン

T　ティティティティターター（C　ティティティティターター）

音量を変えて強弱の変化を入れてみても面白いと思います。

❷　1拍ずつ増やしていくコール&レスポンス

T　じゃあ，今度は1拍ずつ増やしていくよ。（C　えーーー）

T　間違えてもいいからやってみよう。

T　タータータータ―（C　タータータータ―）

T　タータータータ―ティティ（C　タータータータ―ティティ）

T　タータータータ―ティティティティ（C　ターター…）

T　タータータータ―ティティティティカクカク（C　ターター…）

このあたりで結構苦戦すると思いますが，1拍の中に音が増えていっているという特徴に気づいている子どももいるかもしれません。

❸　全員でゲームをする

T　全員立って，拍増えコール&レスポンスで間違えたら座ってね。

最後の一人が優勝です（ゲームなども入れて楽しみながら活動します）。

音楽づくり・鑑賞　81　全学年

指の拍手①

教材名	ゆびのはくしゅ（長嶋亨作詞・作曲）
準備物	なし
めあて	音の変化を体験する
共通事項	テンポ，リズム，強弱，旋律，拍

「ゆびのはくしゅ」はとても短い教材で，視覚的にも音の強弱の変化を感じやすく子どもたちが理解しやすいです。「強弱」など何か一つ音楽的に大きな特徴のある教材を使って創作，聴取の観点を育んでいきましょう。

❶「ゆびのはくしゅ」を歌えるようにする

♪　１本ゆびのはくしゅ　１本ゆびのはくしゅ　きかせてください　どんなおと
チャチャチャ　チャチャチャ　チャチャチャチャチャ・チャ・足
（ミミレレレドドドー　ファファファミミミレレレー　ミーミミファソソララ
ソーシシドースン　♫♩　♫♩　♫♫♩𝄽）

❷ 指を増やしていく

♪　２本指の拍手　２本指の拍手　…　３本指の拍手　３本指の拍手　…
４本指の拍手　４本指の拍手　…　５本指の拍手　５本指の拍手　…

T　音，どうなった？

C　大きくなってきた。

５本指から減らしていっても楽しいかと思います。

❸ コール＆レスポンスで遊ぶ

T　１本指はピアノ（P）。（C　１本指はピアノ（P））

私は「ピアノ（P）＝弱く」をスタートにしています。

T　２本指はメゾピアノ。（C　２本…）

T　３本指はメゾフォルテ。（C　３本…）

T　４本指はフォルテ。（C　４本…）

T　５本指はフォルテッシモ。（C　５本…）

T　１本指をもーっと弱くたたいたら。ピアニ…。（C　ピアニッシモー）

指の拍手②

教材名	ゆびのはくしゅ（長嶋亨作詞・作曲）
準備物	なし
めあて	リズムアレンジを体験する
共通事項	テンポ，リズム，強弱，旋律，拍

ここでは，最後のフレーズの部分を使ってリズムをアレンジしてみましょう。難しいものを目指すのではなく，子どもがどのように変化させたかに着目して声かけすることを心がけてみてください。

❶ 「ゆびのはくしゅ」を歌う

T　（5本指まで歌った後）この曲って何拍子？

C　んーーーーー?? 何だろう？

T　じゃあ，もう一回歌ってみよう。せーの。

ここで，指を数えながらあえてわかりやすくアシストします。

C　わかった。4拍子。

❷ 5本指の歌詞を使ってアレンジする

T　じゃあ，5本指の歌詞（5番）の最後の拍手のリズムを変えてみよう。

T　まず，先生から変えるね。

歌詞を少し変えて楽しく活動しましょう。

♪　先生の拍手　先生の拍手　聴かせてください　どんなリズム

T　♫♫♫♫♫♫♩𝄽←スンは足（C　♫♫♫♫♫♫♩𝄽←スンは足）

T　誰かできるかなー？

ここでは4拍子に合わせるという概念よりアレンジに着目しましょう。

T　○○君の拍手…聴かせてください。どんなリズム？

C　ぱぱぱぱぱぱぱぱぱぱぱぱちん（子どもに多い，拍なしリズム）

T　おーめちゃくちゃ音が多かったねー。そして拍なしの世界だったよ！

このようなときは「拍なし」という世界観を伝えましょう。

宝探しゲーム

教材名　クラスで歌える曲
準備物　伴奏をつける場合，ピアノ・オルガン・ＣＤなど
めあて　強弱による曲のつくりを体験する
共通事項　テンポ，リズム，強弱，旋律

このゲームは，まず鬼役を一人決めます。鬼役が決まったら次は子どもの中の誰か一人，宝物（小物楽器，人形など何でもOK）を持つ子を決めます。このとき，鬼役の子には誰が宝を持つ子かわからないようにしましょう。

ここまで決めたらゲームスタートです。ルールは鬼役以外の子で，暗譜で歌える歌を歌います。鬼はクラスの中を歩き回り，鬼が宝物を持っている子どもの近くに来たときは小さな声で歌います。そこから離れたらまた声の大きさを戻します。鬼は３回まで宝物を持つ児童を当てるチャンスがあります。

❶　鬼と探し手を確認する

❷　クラスで歌える曲を使う

１番だけを繰り返してもよいかと思います。今回は「ふるさと」（髙野辰之作詞・岡野貞一作曲）を例にやってみましょう。

T　じゃあ行くよー。鬼役の○君がわかりやすいように頑張ってね。

T　○君は歌がはじまったらゆっくり歩いてね。

このとき，教師はみんなの歌声の強弱の流れを黒板などにしっかり記録しましょう。

C　うーさーぎーおーーいし　かのやまーーーこーぶーなー…
　ゆーめーはーいーまーもーめーぐーりーてーわーすーれーがーたきふるさーとーー

鬼　○さん。（C　正解ー）

T　ちなみに今のみんなの強弱はこんな感じ。一回これで歌ってみよう。

黒板に強弱の流れを書いて見せましょう。

T　強弱で音楽の感じが変わるねー。よし，じゃあ次の鬼を決めようー。

84

音楽づくり・鑑賞　　全学年

音楽に合わせて体をほぐそう

教材名	なし
準備物	ピアノなど（手拍子などの変化でもＯＫ）
めあて	身体活動で音楽の変化を感じる
共通事項	テンポ，リズム，強弱，構造，変化，反復

この活動はとても単純で，音楽に合わせて①肩の上げ下げ，②呼吸，③ほおの上げ下げの３パターンを行います。①は音楽の拍に合わせて行います。②は拍に関係なくできるだけ一息を長く吐く活動，③はまた拍に合わせて行います。

ポイントは，①②③の変わり目です。私は，曲が変わったら次の活動に行くようにしています。例えば，音の高さが変わったら，オルガンなどを使うときは音色が変わったら，など変化のポイントをいろいろつくってみるとよいかと思います。私の場合は，①ドラゴンクエストのテーマ，②パイレーツオブカリビアン，③ポニョのテーマ曲にして活動しています。

T　今日の音楽の流れ。ドラクエをＡと呼んだとすると？
T　パイレーツは？（C　Ｂかな～？）
T　ポニョは？（C　Ｃだと思う。）
T　流れはＡ→Ｂ→Ｃだね。

たまにドラクエ→パイレーツ→ドラクエなどにしたりもします。こうなると流れは「Ａ→Ｂ→Ａ」となります。実はこれは音楽の構造に目をつける活動になっています。この活動を続けていると，「少年時代」でやってみよう，となるとＡ→Ｂ→サビの流れを感じ取って活動してくれはじめます。

あるときピアノ曲の「エリーゼのために」を聴かせたときに一人の子が，「先生，これ ABACA…」でできていると言ってくれました。「だからこのメロディーって耳に残るんだね」。音楽の構造にも普段の活動からふれることは音楽づくり，鑑賞につながっていく要素だと感じます。

このリズムは誰のリズム？①

教材名	なし
準備物	なし
めあて	いろいろな音の中から一つのパターンを聴き取る
共通事項	テンポ，リズム，強弱，構造，反復，拍

グループになってリズムアンサンブルを行い，その中の誰が基本のリズムパターンをたたいているか当てるゲームです。２人ペアくらいからはじめて４拍分のリズムで活動します。

○　基本リズムを当てる

T　２人ペアでどちらか１人が基本リズムをたたいてね。基本リズム（クイズで使うリズム）をたたかない方の人は，できるだけ先生を惑わすようなリズムになるように工夫してね（最初は教師が回答者）。

基本リズムはこちらから提示しましょう（♩♩♫𝄽程度）。基本リズムは黒板などに書いておくといいかと思います。

T　先生が回っていくから先生に問題を出してね。

ここで直接回っていくと，一人ひとりにアドバイスやつくったリズムの特徴を伝えることができたりなどとてもよい時間になります。

C１　ターターティティスン　C２　ティティタースンスン

T　なるほどー。Ｃ２さんはスン（間）をたくさん入れたね。だからＣ１さんが基本リズム！

C３　ターターティティスン　C４　カクカクカクカクカクカクカクカク

T　たくさんの音入れたねー。だから答えはＣ３さん！

C５　ターティティタースン　C６　ターターティティスン

T　えっ？　似すぎてわからない。みんなーちょっと聴いてー！

このような絶妙にこだわっていたペアのリズムは，ぜひみんなで共有しましょう。人のリズムを聴くことで新たなこだわりが生まれてきます。

音楽づくり・鑑賞　86　全学年

このリズムは誰のリズム？②

教材名	なし
準備物	学校にある打楽器（カスタネット，スズ，シェイカーなど）
めあて	音の中から一つのパターンと楽器の数を聴き取る
共通事項	テンポ，リズム，強弱，構造，音色，反復

一つ前の活動では２人ペアでしたが，ここでは人数を増やしたり，楽器を増やしたりして活動を深めていきます。

○　ペアを増やして活動する

T　じゃあ，ペアをさらに増やして４人でやってみよう。

T　次は先生ではなくて，みんなに問題を出そう。だから，できるだけ繰り返せるリズムをつくってみてね。探すリズムは黒板に書いてね。

グループ活動をするときは，まずクラスの雰囲気がグループになれる状況かをしっかり把握してからグループにしましょう。ここを間違えてしまうとグループをつくるだけで多くの時間がかかってしまいます。

T　できたチームからやってみよう。探すリズムは誰でもいいから書いてね。

C　（記入）♩♫♩𝄽

C１　ターティティタースン　C２　タースンタースン

C３　ターターターター　C４　パパパパパパパパ

Ｃ４のように拍に関係ない子もいます。繰り返し何度か演奏します。

T　わかった？

C　Ｃ１君？（T　正解！）

T　じゃあこのチームも何かリズム楽器を持ってやってみて。

T　同じ楽器でも違う楽器でもあり！

C　ジェンベ，カスタネット。スズ，シェイカー。

みんなに見えないように演奏する。

T　みんな楽器の種類，何種類かわかる？

音楽づくり・鑑賞　　全学年

打楽器で自由にたたこう①

教材名　なし
準備物　学校にあるいろいろな楽器
めあて　いろいろな楽器を使って自由にたたく
共通事項　テンポ，リズム，速度，音色

打楽器活動で，私はドラムサークルという活動を行います。それは中心に向かって円をつくり，子どもたちが一人一つ楽器（私は基本はリズム楽器にしています）を持ち，自由に楽器を演奏する活動です。教師は，その子どもたちをファシリテート（案内）する役割です。

ドラムサークルの魅力は，子どもたちが自由に本能のまま音を表現できるところです。子どもたちの心が感じるままの音楽に耳を傾けてみましょう。

❶　中心に向かって円をつくり，子ども一人ひとり楽器を持つ

トライアングル，シェイカー，カスタネット，シンバル，ボンゴ，コンガ，あればジェンベ，タムタムなど。スネアなどももちろん大丈夫です。

❷　ドラムサークル

ポイントは，一人しっかりベース拍を刻める子どもを決めることです。

T　どんなに周りがぐちゃぐちゃになっても流されず拍を刻める人？

と聞きます。

ここでは挙手の中から一番しっかりできそうな子を選びましょう。

T　1・2・3・4・じゆ・うに（自由に）・どう・ぞ。

の合図で一定の拍にのってはじめます。

C　ドンドコドン…

このとき，先ほど決めた一人は拍を刻みます。それをまったく無視してたたく子もいれば中には基本拍をしっかり聴いて自由にたたく子もいます。

T　1・2・3・4・ストップ。

の合図で終わります。

終わるときは声とともに，指で1・2・3・4を示すとより伝わります。ストップのときは手をグーの形にするとよいでしょう。

打楽器で自由にたたこう②

教材名	なし
準備物	学校にあるいろいろな楽器
めあて	拍をつかんでリズムをたたく
共通事項	テンポ，リズム，速度，音色

先ほどの自由な活動の中から，子どもたちがどのようなリズムをつくっているかをよく観察してみましょう。その中から，基本の拍を感じている子，気ままな中にリズムの形ができている子などを探します。

自由な活動の中から各々の価値をファシリテート（案内）しましょう。

❶　ドラムサークルをする

T　1・2・3・4・自由にどうぞ。

C　どんどんどんどん…

T　1・2・3・4・ストップ（ストップのときに手をグーにする)。

ベースは決めておき，どの子がベース（テンポキープ）か伝えておきます。

T　どうして，みんな自由に勝手にやっているのに，最後は終わった感じが味わえるんだろう？

C　○君がしっかり拍を刻んでくれているから。

T　なるほど。○君の拍を感じているの素敵だね。

❷　ベース音を感じてたたいている子を探す

T　ベース音（ドローンと呼んだりもします）の○君と，○さん２人でやってみて。

T　じゃあベースからはじめよう。1・2・3・4・ベー・スか・ら。

ベースにのってリズムをたたけている○さんをチョイスします。

T　なんで○さんにやってもらったかわかる？

C　○さんベースを感じていた。

T　よく気がついたね。拍にのって自由をつくるってすごいね。

自由の中に少しずつ変化が生まれてきます。

音楽づくり・鑑賞　　89　　全学年

いろいろな音色を知ろう

教材名	なし
準備物	学校にあるいろいろな楽器
めあて	楽器の性格を知る
共通事項	テンポ，リズム，速度，音色

「音色」というのは，音楽的にとても素敵な要素の一つであるように思います。常時活動でその観点に普段からふれていると子どもたちは音には様々な性格があることに気づきはじめます。

❶　ドラムサークルを行う

一人ベース（ドローン）を決めて通常のドラムサークルを楽しみましょう。何度も行っていると，自然にベース音に耳を傾けてリズムを刻みはじめる子どもたちが増えてくると思います。

❷　音色分けドラムサークル

T　そのまま続けて，次はいろいろな楽器ごとに分けてやってみるよ。

T　スズの人で自由にどうぞ。

C　リンリンリンリン…

T　1・2・3・4・ストップ。(手をグーにする)

T　民族太鼓の人で，じゆ・うに・どう・ぞっ。

C　ドンドンドンドン…

T　1・2・3・4・ストップ。(手をグーにする)

T　トライアングルの人でどうぞ。(C　ちーーーーーーーーーん)

T　音が消えるまで聴こう。(C　…)

T　結構長く響くねー。

T　カスタネットで，じゆ・うに・どう・ぞっ。(C　かっかかかっかっ…)

楽器には，いろいろ特徴があることを感じてほしいと思います。

T　最後，自分の楽器をよく聴いてごらん。

C　ドンドンリンリンちーーーーんカッカカカカ

90

全学年

楽器でまねっこしよう

教材名	なし
準備物	学校にあるいろいろな楽器
めあて	楽器の性格を知る
共通事項	テンポ，リズム，速度，音色，反復，応答

まねっこ活動には，いろいろな手段があると思いますが，ここでは，ドラムサークルを使って活動してみましょう。まねっこ，すなわち反復というのは音楽の仕組みとして様々な曲で使われている音楽的要素です。

❶ 通常のドラムサークル

T　1・2・3・4・自由にどうぞ。

C　ドンドコドコドコ…

この作業は，しっかり「応答」の要素が入っていますね。

あと，ベース（ドローン）を決め忘れずに。

T　1・2・3・4・ストップ。

❷ まねっこ活動

T　次は，ベース（ドローン）の人はずっと拍を刻んでもらって，その中で4拍分のリズムを一人ずつつくってね。周りはそれをまねっこするよ。

T　では，ベースからはじめよう。せーの。

C　ドンドンドンドン（拍を刻みます）

まずは教師からはじめるとスムーズかと思います。

T	ターティティタースン	→まねっこ
C1	ターターターター	→まねっこ
C2	カクカクカクカクカクカクカクカク	→まねっこ
C3	…	→まねっこ

この要領で全員回してみましょう。C3のようにリズムが刻めない子は休符（𝄽）を4回行った扱いにすると安心して取り組めます。

91

音楽づくり・鑑賞　　中・高学年

楽器でくっつけっこ遊び

教材名　なし
準備物　学校にあるいろいろな楽器
めあて　楽器の性格を知る
共通事項　テンポ，リズム，速度，音色，反復，応答

ドラムサークルを使っての最後の活動は，くっつけっこ活動です。それは「創作＋反復」活動です。ここでは子どもたちは８拍分のリズムを創作しますが，自分の前の友達の後半４拍分をまねっこ（反復）をして後半４拍は創作です。すなわち，「１・２・３・４・←前の友達のまね」「５・６・７・８・←自分の創作」という形になります。

この活動はしっかり聴き取り，さらに創作となるので結構エキサイティングです。ドキドキしながらも楽しく活動してみましょう。

❶　通常のドラムサークル

やっぱり自由は楽しい。音を出すって楽しい。基本的な気持ちは，いつも大切にしたいですね。

❷　くっつけっこドラムサークル

T　次はくっつけっこゲームだよ。

T　８拍分リズムをたたくんだけど，前半４拍は前の友達のまねをして後半は自分でつくってね。まずは先生→みんなで練習。

T　ターターターター・ターティティターター

C　ターティティターター・〇〇〇〇

何度かやってみましょう。

T　よし，じゃあいよいよみんなで順番に行くよー。ベースから。

C　ドンドンドンドン…

T　〇君からどうぞ…

いろいろ間違いもあると思いますが，活動に前向きになった姿から認めていきましょう。

音楽づくり・鑑賞 92 中・高学年

同じ高さの音探し

教材名	ハローハロー（中明子訳詞・アメリカ民謡）
準備物	ピアノ（アカペラでも可）
めあて	フレーズを感じいろいろな音の高さを聴き取る
共通事項	テンポ，リズム，速度，音色，音高，フレーズ

「ハローハロー」は様々な場面で使ってきましたが，歌唱の活動を通して力が積み重なってきている子どもたちには，聴く活動を取り入れると，耳を最大限生かして様々なパートを聴こうとしてくれます。

❶ 「ハローハロー」を歌う

これは各パートを一定の場所で区切って，しっかりハーモニーをつくることを優先させましょう。

❷ 「ハローハロー」で仲間探し

ここでは全員座った状態で好きな音を選んでランダムに歌ってもらいます。人には何の音を歌っているか言わずにハモッていきます。

T　みんな，自分が歌う音を人には言わずに１音決めてね。

T　そして，最後の音まで行ったらその音を出したまま同じ音を出している仲間を探すよ。だからうまく息を吸いながらずっと出してね。せーの。

C　ドー（高い）・ソー・ミー・ドー（低い）

T　同じ音，仲間探しの旅。仲間が見つかったら円にしていこう。どうぞ。

結構難しい活動なので，教師は困っている子どもや同じ音だけど離れてしまっているグループをアシストするなど様子をしっかり見ましょう。

T　よし。円ができた！　そのまま手をつないで，「やあこんにちは」を歌いながら右に４歩，左に４歩を続けるよ。せーの。

C　（右に歩きながら）やあこんにちは。ごきげんいかが×２

これを３歩にすると拍がわりきれず難しいです。そこで，どうしてやりにくいか聞き，音高の聴き取りに加えてフレーズの体感などもできたらいいですね。

音楽づくり・鑑賞

93

高学年

寄り道して旋律つくっちゃおう

教材名	ハローハロー（中明子訳詞・アメリカ民謡）
準備物	ピアノ（アカペラでも可），鍵盤ハーモニカ
めあて	旋律をアレンジして旋律づくりにつなげる
共通事項	テンポ，リズム，速度，音色，音高

ここでの「ハローハロー」では，前半のフレーズの音をきっかけに旋律をアレンジしていきたいと思います。

❶ 「ハローハロー」の最初を鍵盤で演奏する

T　せーの。（C　ドーソーミードー）

T　じゃあ，次は山型演奏でいくよ。せーの。

C　ドレドー　C　ソラソー　C　ミファミー　C　ドレドー

弾ける子は次も弾こうなど，器楽を楽しみましょう。

T　じゃあ，次は谷型はどう？　せーの。

C　ドシドー　C　ソファソー　C　ミレミー　C　ドシドー

T　これもできるねー。

❷ それぞれの音をアレンジする

T　じゃあ次は，それぞれの音をアレンジしよう。最初のドの場合，ドからいろいろアレンジしてまたドに戻ってこられれば大丈夫（ド？？？？？ド）。

ドレミレミレドなど。選ぶ音の数は自由にします。

T　もちろんソ・ミ・ドも同じだよ。少し考えてごらん。

教師は見回ってそれぞれの子どもがつくった特徴を探しに行きましょう。

（例）１音連打だねー，上から下までいって戻ってきたね，休符入れた？

T　じゃあ，まずはみんなで。せーの。

C　ド？？？？？？？？？？？？？？？？ドーーーーーー（一度切って次）

C　ソ？？？？？？？？？？？？？？？？ソーーーーーー

最後の音に合流するまで伸ばすのがポイントです。この要領でみんなで行った後，一人一音ずつなどやってアレンジとハーモニーを楽しみましょう。

音楽づくり・鑑賞　　94　　中・高学年

体を動かしていろいろ遊ぼう①

教材名	なし
準備物	ピアノ（アカペラでも可）
めあて	身体表現で音楽的要素を体感する
共通事項	テンポ，リズム，速度，拍

リトミックを通した身体表現で，子どもたちの動きの変化から少しずつ動きの種類を増やし，音楽の要素を知ってもらう活動です。

❶　拍に合わせて足踏みする

T　先生のピアノに合わせて足踏みできる？　ドッソッドッソッ×何度も

C　（足踏み）

これができていない中で，席を離してしまうとただの授業崩壊になってしまう可能性があるのでしっかりできている子をよく観察しましょう。

T　（突然音を止める）足踏みが止まっている子はしっかり聴けている証だよ。

❷　音楽の「何」に合わせているか迫る

T　ちなみにさっきから音楽の何に足踏みを合わせているかわかる？

C　リズムーー。（T　もっと簡単。）

C　拍ー。（T　よし。じゃあ拍に合わせて歩いてみよう。）

私はよくドラゴンクエストのテーマを使います。そして，途中ミッキーのテーマに変えます。すると子どもたちはスキップに変えます。

T　どうして変えた？

C　リズムが弾んでいたから。（T　なるほど。OK。）

T　（子どもは付点のリズムに合わせてスキップ）速度も変えてみましょう。

T　（突然シンコペーションのリズムを和音で弾く）

例：ドミソの和音シンコペーション＝♪ティ♩ター♪ティのセットリズム

T　なにかとまどった？（C　また変わった。）

T　ばっちり気づけているね。このリズムはセット名で「シンコペーション」って言うんだ。ティは自分で手拍子，ターは友達と手拍子ね。

95

音楽づくり・鑑賞　　中・高学年

体を動かしていろいろ遊ぼう②

教材名	なし
準備物	ピアノ（アカペラでも可）
めあて	身体表現で音楽的要素を体感する
共通事項	テンポ，リズム，速度，拍，音階，変化

前の活動では３つの要素で動きました。慣れてくるとまだまだ増やしても子どもたちはついてきます。それとは別に，リトミックは気持ちのリフレッシュにもなるのでその観点で教材と教材の合間に用いてもよいかと思います。

❶　４つのパターンで動いてみる

T　（拍，ストップ，スキップ，シンコペーション）

次はシンコペーション（p.117の動きと同じ）を行っているときに，和音を低い音にします。するとしゃがむ子が出てくるときがあります。

T　なんでしゃがんだのー？（C　音が低くなったから。）

このとき「暗い」ということばを使う子もいます。低い音は暗く聴こえるのでしょうね。でも，言い方としては「低い」にした方がよいでしょう。

その後はまた音を普通に戻します。そして，さらに高くしましょう。

T　なんでそんなに高くしてるの？（C　音が高いーーーー。）

❷　５つ目・６つ目のパターンを入れる

そして，次は高い「ド」の音から半音階で下りてきます。ここでも子どもたちはすぐ反応します。やはりしゃがみだす子もいます。

T　さすがだね。これは白黒白黒（鍵盤）と全部の音を下りていくからゆっくりしゃがんでね。こういうの「半音階」って言うよ。

その逆行の半音階で上がっていきましょう。すると立ち上がりはじめます。ラストは全音階（黒黒黒白白白 OR 黒黒白白白白）を上がったり下がったりのセットにします。

T　また変わったね。どんな感じ？（きっといろいろ意見が出ます）それぞれこの音階のイメージに合った動きでいいよ。

T　ちなみにこれは「全音音階」っていうよー。

音楽づくり・鑑賞　96　全学年

声の流れを図形にしてみよう

教材名	なし
準備物	黒板やホワイトボードなど
めあて	声で音の流れを感じる
共通事項	旋律，音の高低，フレーズ

「『フー切り』で発声しちゃおう」(p.49)の「フー切り」を使って旋律をつくる活動にもつなげてみましょう。適当に言った声でもその流れを書き留めることで図形のような楽譜が完成します。

❶　手の動きに合わせて声を出す

T　先生の手の動きを見て声を出してみてね。

手のひらを天井に向けパーにする。

そのパーをそのままゆっくりグーにする。

C　フーーーーーーーーーーーーーッ。（グーで切る）

手のひらを天井に向けパーにする。

手のひらを上にしたまま手を右上にあげてグーにする。

C　フーーーーーーーーーーーーー♪ウっ。

この他に，手を上下にふったり様々な動きで声で遊びましょう。

❷　図形のような楽譜にする

T　じゃあ今の曲を楽譜にするね。

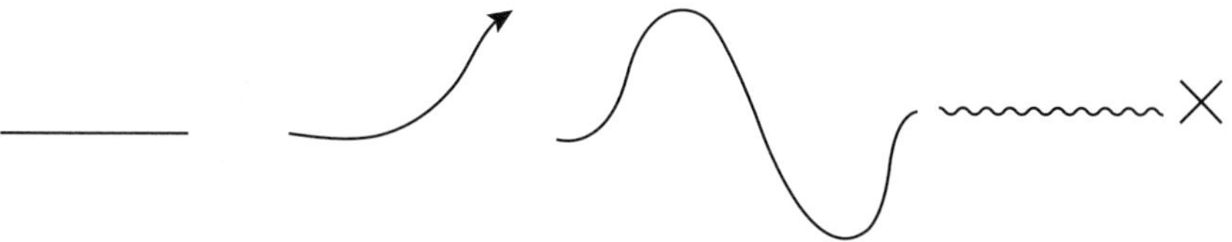

C　えーこれが楽譜？？

T　そう。声で適当に動きつけられる人がいたら先生が楽譜にしてあげるよ。

ここで子どもたちが適当に歌う声をこのような楽譜でつなげてみましょう。全員の小さな旋律を合わせると，同じような旋律が反復していたり逆行していたり高い声の後は低い声を使っていたりいろいろ発見が出てきます。

97

音楽づくり・鑑賞　全学年

いろいろな声を伸ばしてみよう

教材名　なし
準備物　なし
めあて　声で音の流れを感じる
共通事項　旋律，音色，フレーズ，音の重なり

音程を定めてから重ねる活動もハーモニーを感じるうえで大切です。ここでは，ハーモニー以上に，いろいろな声の音色を使って音の重なりで遊んでみましょう。

❶　手拍子回しをする（p.102）

T　まずは，手拍子回しでクラスを一周するよ。

円になっていると，よりわかりやすいですが列になって児童が座っている場合は順番をしっかり示してあげましょう。

T　この手拍子回しがみんなはできるからさらに音で遊んでみようね。

❷　手拍子回しの流れに沿って声を重ねていく

T　「あ」「い」「う」「え」「お」の母音を使って前の友達と違う音をずっと伸ばしてみてね。長く伸ばすから途中で息を吸っていいけどできるだけ長く伸ばせる音を工夫してみてね。

C　　あーーーーーーーーーーーーーーーーーーーー（高め）
C2　　おーーーーーーーーーーーーーーーーーー（低め）
C3　　いーーーーーーーーーーーーーーーー（すごく高め）
C4　　うーーーーーーーーーーーーー（小さい声）
C5　　えーーーーーーーーーーー（しゃべり声くらい）

円ではなく列ごとに終わらせていくのもいいかもしれません。

子どもたちのいろいろな声を重ねていくだけで，音楽室に不思議な空間ができてきます。中には声で「スタッカート」など切る音などを続けて出してくる子どもも出てくるかもしれません。その場合は「切ることを続けていることは，音を伸ばしていることにもつながっている」ということを伝えてあげましょう。

音楽づくり・鑑賞　　全学年

音が伸びる楽器で遊んでみよう

教材名	なし
準備物	トーンチャイム，ハンドベルなど
めあて	音の重なりで素敵な空間を感じる
共通事項	旋律，音色

私がよく使う楽器はトーンチャイムです。トーンチャイムは，楽器が頑丈でさらに音もきれいによく響くので低学年でもとても使いやすい楽器です。

今回は，半音階や全音階にこだわらずすべての音を使ってトーンチャイムの世界を味わい，音が重なる世界を自分たちでつくりだすことで音楽の世界がさらに広がっていくことを子どもたちが体感できるようにしましょう。

❶　トーンチャイムを手に取る

T　トーンチャイムを一人一本持ってみよう。

トーンチャイムがない場合は，トライアングルやビブラスラップ，場合によってはシンバルを入れてみてもよいかと思います。あまり楽器の数がない場合は，いくつかのグループに分けて数回やりましょう。全員が一回は体験することが大切です。

❷　トーンチャイムで音リレーをしてみる

T　まずは，一音リレーだよ。

手拍子回し（p.102）の要領で回していきましょう。クラスの環境が列の場合はこの活動の後，円に移動しましょう。

T　次は，音を回したいと思う人にパスしよう。円の中に音のドームができるようにパスしよう。自分だと思ったらどんどん次にパスしていってね。

この部分では音が空中を飛んでいくイメージを大切にします。音の飛距離は感覚で感じるしかありません。その集中力はとても大切な音楽的要素です。

子どもたちは，音を回している間に音の出し方にこだわったり，次の友達に音をつなげようと意識しているのが見えたりします。時には，同じ２人の間を音が行ったり来たりします。それらの様子を教師はしっかり見取って子どもたちが音楽をつくっていることを価値づけしていきましょう。

音楽づくり・鑑賞　99　全学年

カノンでテンポを上げてみよう

教材名	ちょっとぱーさん（わらべうた）
準備物	なし
めあて	少しの変化で音楽が変化することを体感する
共通事項	強弱，テンポ，音の重なり，音楽の縦と横との関係

最後は，「拍にのって遊ぼう」（p.99）で使用した「ちょっとぱーさん」を教材に学びを深めていきましょう。旋律ではなく唱えうたのような曲のため，どんな子どもたちもあっという間に歌えるようになります。

また，ゲーム性も伴うため何度も楽しむことができます。

❶「ちょっとぱーさん」で遊ぶ

T　みんな，「ちょっとぱーさん」いくよー。

C　ちょーっと　ぱーさん　ぐーすけ　ちょうだい　かーみに　くるんで
　ちょうだい　ちょうだい　ぐるりとまわって　じゃんけんぽん

❷ カノンで遊ぶ

T　じゃあ次は２つのチームに分けて，テンポも上げて追いかけっこしよう。
　４拍ずれでいってみよう！

C　１ちょーっとぱーさん　ぐーすけちょうだい　…
　　　　　　　　２ちょーっとぱーさん　ぐーすけちょうだい…

教師は最後２回じゃんけんしてあげましょう。

❸ グループを増やしてカノンにする

T　次は４つのグループに分けていくよ。しかも２拍ずれでいくよ。

C　１ちょーっとぱーさん
　　　　２ちょーっとぱーさん
　　　　　　　　３ちょーっとぱーさん
　　　　　　　　　　　　４ちょーっとぱーさん

最後のじゃんけんは，教師はとっても忙しくなります。ずらすタイミングを短くすることで曲の雰囲気は変わり，演奏もパワフルになることを子どもたちは感じてくれます。じゃんけん役を子どもにさせても面白いです。

100

音楽づくり・鑑賞　　中・高学年

歌詞を使って音楽の逆行を感じよう

教材名	ちょっとぱーさん（わらべうた）
準備物	なし
めあて	音楽の逆行を知る
共通事項	旋律，音の重なり，強弱，テンポ

ここでは，曲の歌詞を使って逆行に迫っていきましょう。逆行の旋律を使ってつくってある曲はたくさん存在します（山形の旋律の対旋律は谷型など）。リズムでもその技法は存在します（長いリズムの中に短いリズムを入れるなど）。

❶　ことばと違う身ぶりをする

T　みんな，「ちょっとぱーさん」で言っている歌詞に勝つじゃんけんの足を変えて歌える？

C　えーー。難しい!!

T　間違えてもいいよ。まずはゆっくりから小さい声ではじめるよ。

C　ちょーっと（グーの足）ぱーさん（チョキの足）ぐーすけ（パーの足）
ちょうだい（グーの足）かーみに（チョキの足）くるんで（パーの足）
ちょうだい（グーの足）ちょうだい（グーの足）
ぐるりとまわって　じゃんけんぽん

T　このテンポならいけたねー。じゃあさらに難しくするよー。少し大きめの声でテンポを上げてみよう。

テンポ，強弱を伴ってやってみます。

❷　さらに身ぶりを変える

T　じゃあ。次は言っている歌詞に負けた足じゃんけんできる？　負けバージョンの逆行ね！

じゃんけんは不思議と，負けるバージョンにするとさらに難しくなります。

T　みんなー。今はじゃんけんで逆をやったけど，旋律の逆はどうなる？

ここで，フー切り遊び（p.49）を使って山形の旋律などを歌って，子どもに逆行させてみましょう。

おわりに

この本を執筆させていただきながら，これまでの教員生活を振り返っていました。

授業がうまくいかず，四苦八苦しながらもがいていた教員１年目。その状況を何とかしたく，藁をもつかむ思いでがむしゃらに研修会に参加していたのを思い出します。そのときから今に至るまで，数多くの素晴らしい先生方と出会いご指導をいただきました。それらで学んだ一つひとつが，今ある実践につながっていることを改めて実感しています。

毎日子どもたちに教育していると，子どもたちを導く難しさに日々悩んでいるように思います。時には落ち込んで意欲を失ってしまいそうなこともあります。しかし，その悩みがあるからこそ教師側にも，さらなるスキルを学ぶチャンスが生まれてきます。

様々な場所で教師が学び高まることは，時間はかかりますが，子どもたちが実践の場で少しずつ答えを出してくれます。その子どもの成長を感じたとき，悩んだ何倍もの喜びを味わうことができているように思います。そんなとき，授業で子どもたちが素直に出してくれるよい反応もそうでない反応も，ストレートにぶつけてくれることが私の学びの原動力となっていたことに気づき，「ありがとう」の気持ちでいっぱいになります。

そして，無限の可能性をもつかけがえのない子どもたちの人生の１ページに携わることができる教師という仕事の魅力も実感します。

このような本を手に取ってくださった方は，教育をしていく中で何かしら悩んでいることがあるかもしれません。それは書かせていただいた私自身も同じです。だからこそ，音楽を通して一人でも多くの子どもたちが輝き，人生が豊かになってくれることを願い，私自身これからも学び続けたく思います。

また，読者の皆様がこの本を通して一つでもご自身のおかれている実践の場に生かしていただけたらこんなに嬉しいことはありません。

最後に，今回貴重な執筆の機会をくださった明治図書の赤木恭平さんに心から感謝申し上げます。ありがとうございました。

岩井　智宏

参考文献

・千葉佑編『うたおう　楽しい歌』（玉川大学出版部，2004）
・小宮路敏著『つたえよう　手のぬくもりを』（玉川大学出版部，2005）
・トレヴァー・ウィシャート著，坪能由紀子／若尾裕訳『音あそびするものよっといで』（音楽之友社，1998）
・飯田和子他３名著『教師と指導者のための実践ガイド　はじめてのドラムサークル』（音楽之友社，2014）
・近藤信子著『にほんのわらべうた　全４巻』（福音館書店，2001）

【著者紹介】
岩井　智宏（いわい　ともひろ）
武蔵野音楽大学卒業，同大学院修了。「音楽を通した人間教育」をテーマに様々な研修会，研究会に参加。近年では，イギリス，ハンガリー，アメリカと海外へ渡り日本以外の音楽教育にもふれ，さらなる音楽の可能性を研究している。平成30年度には文部科学省・国立政策研究所より依頼を受け実践協力校として教科調査官来校のもと授業を提供した。執筆では「教育音楽」（音楽之友社）「初等教育資料」（東洋館出版社）のほか，『「資質・能力」を育成する音楽科授業モデル』（学事出版）『準備らくらく！アイデア満載！　小学校音楽あそび70』（明治図書）『「子どもファースト」でつくる！音楽授業プラン成功のアイデア』（明治図書）共著などがある。これまでに東京私立初等学校協会音楽部会主任，日本私立小学校連合音楽部会運営委員を務める。東京私立清明学園初等学校教諭を経て現在，神奈川私立桐蔭学園にて音楽の教鞭をとる。その傍，音楽授業セミナー音楽授業ファクトリーを筑波大学附属小学校の平野次郎氏とともに主宰，活動の幅を全国へと広げている。また，ピアノ演奏活動も行っており様々な合唱団等のピアニストを務め，ソロコンサート等も開催している。第４回“万里の長城杯”国際音楽コンクールピアノ部門第３位受賞，第24回飯塚新人音楽コンクールピアノ部門入賞。第７回日本アンサンブルコンクール連弾部門優秀演奏者賞，全音楽譜出版社賞をそれぞれ受賞。

〔本文イラスト〕せのお　まいこ

音楽科授業サポートBOOKS
授業をもっとアクティブに！
小学校音楽「常時活動」のアイデア100

2020年２月初版第１刷刊　©著　者　岩　井　智　宏
2020年７月初版第２刷刊　発行者　藤　原　光　政
発行所　明治図書出版株式会社
http://www.meijitosho.co.jp
（企画）赤木恭平（校正）㈱APERTO
〒114-0023　東京都北区滝野川7-46-1
振替00160-5-151318　電話03(5907)6702
ご注文窓口　電話03(5907)6668
＊検印省略　組版所　藤 原 印 刷 株 式 会 社

本書の無断コピーは，著作権・出版権にふれます。ご注意ください。

Printed in Japan　ISBN978-4-18-292719-5
JASRAC 出 1911400-002

もれなくクーポンがもらえる！読者アンケートはこちらから
→

好評発売中！

あの先生の授業がスゴイのには訳がある！

音楽授業の「見方・考え方」成功の指導スキル＆題材アイデア

髙倉　弘光 編著
／音楽授業ラボラトリー研究会 著

♪ 新ＣＳでキーワードとなっている「見方・考え方」。本書では、各分野におけるその道の１２人が、それぞれの視点から「見方・考え方」に迫った音楽授業づくりのアイデアを紹介します。「見方・考え方」がシャープになれば、授業成功の確率がグンとアップするはずです！

136 ページ・Ａ５判
2,000 円＋税
図書番号：2782

見たかったあの先生の音楽授業を大公開！

「子どもファースト」でつくる！音楽授業プラン成功のアイデア

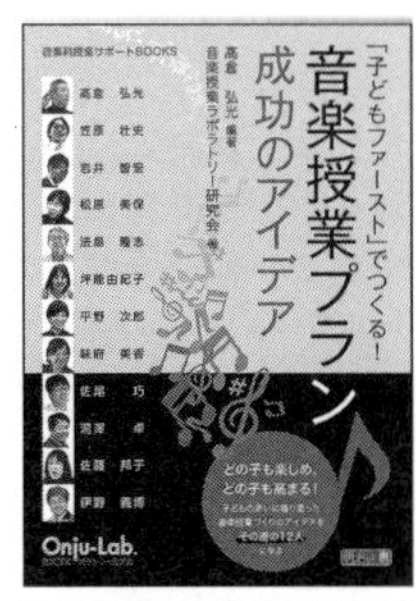

髙倉　弘光 編著
／音楽授業ラボラトリー研究会 著

♪ 授業をするときに第一に考えることは「子ども」。当たり前そうで、意外と教師主導の授業が多いのです。本書では、音楽の各領域においてその道の１２人が「子どもファースト」な音楽授業づくりのアイデアを紹介。きっとあなたの音楽授業のストックの１つになるはずです！

136 ページ・Ａ５判
2,000 円＋税
図書番号：1436

いろいろ発展させて毎日使える！

準備らくらく！アイデア満載！小学校音楽あそび７０

石上　則子 編著

♪ 子供の興味・関心を引き出すだけでなく、楽しみながら音楽活動の基礎となる能力を育てる「音楽あそび」を領域分野・対象学年別に７０事例収録。題材の指導計画の中に位置づけたり、毎時間の常時活動として活用したり、他にも音楽集会・朝会などなど…使い方は様々です！

152 ページ・Ａ５判
2,060 円＋税
図書番号：2126

うまい先生はこう教える！

小学校音楽 授業マネジメント

中山　由美 著

♪ 小・中を経験した音楽科のベテラン先生が明かすマネジメント術！伝統音楽や文部省唱歌を始め、音楽の授業で扱う題材は子どもになじみのある音楽ばかりではありません。そんな音楽が好きになる、子どもを動かす授業づくりを紹介します。よくある悩みに答えるＱ＆Ａ付。

160 ページ・Ａ５判
1,960 円＋税
図書番号：1932

明治図書　携帯・スマートフォンからは **明治図書 ONLINE へ** 書籍の検索、注文ができます。▶▶▶

http://www.meijitosho.co.jp　＊併記４桁の図書番号（英数字）でHP、携帯での検索・注文が簡単に行えます。

〒114－0023　東京都北区滝野川７－46－１　ご注文窓口　TEL 03－5907－6668　FAX 050－3156－2790